首都圏版㉖ 最新入試に対応！ 家庭学習に最適の問題集！！

青山学院大学系属 浦和ルーテル学院小学校

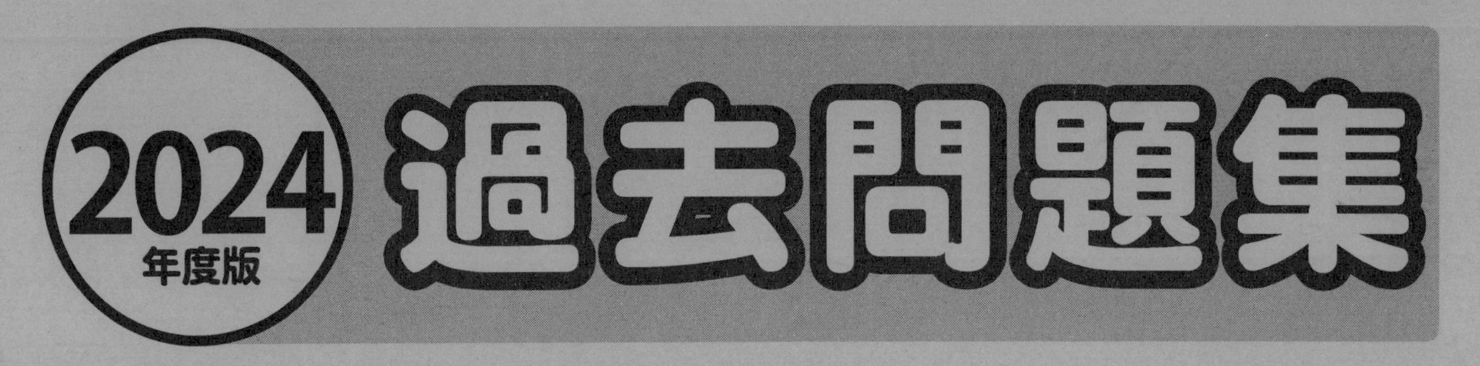

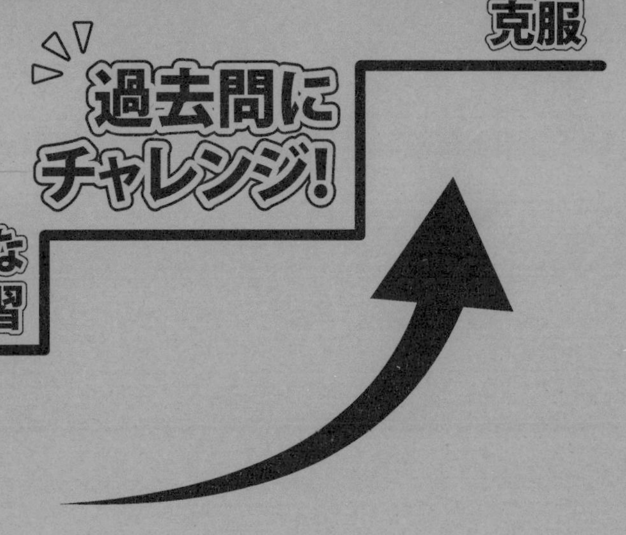

2020 ～ 2023 年度
過去問題を掲載

日本学習図書

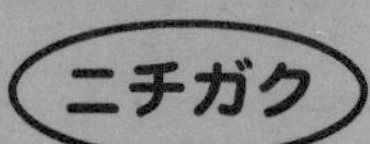

目指せ！合格！ 家庭学習ガイド
青山学院大学系属 浦和ルーテル学院小学校

ペーパー

制 作

行動観察

運 動

志願者面接

保護者面接

入試情報

応募者数：男女計 334 名
出題形態：ペーパーテスト・ノンペーパーテスト
面　　接：保護者・志願者
出題領域：ペーパー（数量・推理・図形・記憶・言語・常識等など）、
行動観察、運動、制作

入試対策

この状況でも入学希望者が大幅に増えています。2022 年度に引き続き、2023 年度の入試は、感染症対策として一部校外で行われましたが、内容は例年通り、ペーパーテスト・行動観察・運動・制作・面接（志願者・保護者）というものでした。ペーパーテストは、数量、推理、図形、記憶、言語など多分野からの出題です。本年度は常識の問題も出題されています。問題自体はそれほど複雑ではなく、理解力や年齢相応の知識・観察力が求められる標準的な小学校入試と言っていいでしょう。ただし、他校ではあまり見られない「ひらがなを使った問題」や、内容はオーソドックスでも「聞き方が独特な問題」があります。過去問のほか、苦手分野の問題集などを行って応用力をつけておきましょう。

●言語分野の問題では、ひらがなを書くこと、読むことの両方が求められています。推理分野では、「〜と同じ関係のものを選ぶ」といった関係類推の問題がよく扱われています。過去問で具体的な出題例を確認しておきましょう。

●問題ごとの解答時間は標準よりも長めで、時間の余裕があります。正答率が高くなることが予想されるので、単に答えるだけではなく、精度をあげることが大切です。

●面接では、コロナ関連の質問のほか、保護者に対して、家庭での過ごし方、仕事について、キリスト教についての考え、といった内容に加え、併願校についての質問があります。ある程度の準備をしておいたほうがよいでしょう。

●試験は一朝一夕では身につかない力が求められる問題が多く出題されます。ペーパー対策に加え、日々の生活を通して、正しい習慣を身につけておきましょう。

●待機中、志願者にはお絵かき、保護者にはアンケートを記入する時間があります。早く書き（描き）終わったときの過ごし方を考慮しておきましょう。また、描いた絵に対する質問もありますので、準備をしておかれるとよいでしょう。

「青山学院大学系属 浦和ルーテル学院小学校」について

〈合格のためのアドバイス〉

当校は、学問・スポーツ・芸術など、1人ひとりの「才能＝ギフト」を見出し、大きく伸ばし、世界に貢献していく人間を育てる「ギフト教育」を実践しています。これは、子どもは誰でもかけがえのない「ギフト（才能や個性）」を神様から与えられているという考えに基づき、「才能」「共感」「世界貢献」「自己実現」という4つの観点からギフトを活かして、まわりの人々を幸せにし、自らも幸せな人生を歩むことを願う教育です。具体的には、「少人数教育」「小中高12年一貫」「英語・国際教育」「キリスト教主義に基づく全人教育」といった、当校を象徴するような教育が行われています。

当校は2018年7月に青山学院大学の系属校となり（2019年度よりは校名も「青山学院大学系属浦和ルーテル学院小学校」と改称）、これにより、一定の進学基準を満たした児童は、将来的には系属校推薦入学として青山学院大学へ進学できることとなります。今後も、志願者増に伴い試験内容の変更・難度の上昇が予測されます。保護者の方は、説明会はもちろんのこと、Webからの入試情報にも注意しましょう。

ペーパーテストは、**数量**、**推理**、**図形**、**言語**、**記憶**、**常識**などの分野から出題されました。絵を見て描いてあるものがいくつあるのか把握させる問題が多く、計算力だけでなく観察力も問われる問題や、2つのものの関係を類推する推理・思考力を使う問題も頻出です。また、当校では、言語分野の問題に、ひらがなの読み書きといった、他校では見られない問題が例年出題されています。ただし、分野・観点は幅広いものの、基本的な知識や学力を観点とした問題がほとんどですので、それぞれの分野についての基礎を固めておけば、それほど心配することはありません。

面接は、保護者面接と志願者面接が別々に行われます。保護者に対しては、志願理由、家庭での過ごし方などの一般的な質問のほかに、入学の意欲、家庭環境の詳細などが聞かれます。アンケートでも保護者の学歴・職業、学校に関する質問、併願校といった具体的な質問事項が多いだけに、事前の準備や保護者同士の打ち合わせは必須でしょう。

〈2023年度選考〉

◆保護者・志願者面接
◆ペーパーテスト
◆制作
◆行動観察・運動

◇過去の応募状況

2023年度	男女計334名	
2022年度	男子149名	女子198名
2021年度	男子153名	女子222名

入試のチェックポイント

◇受験番号は…「ランダムに決める」
◇生まれ月の考慮…「あり」

青山学院大学系属
浦和ルーテル学院小学校
過去問題集

〈はじめに〉

現在、少子化が叫ばれているにもかかわらず、私立・国立小学校の入学試験には一定の応募者があります。入試は、ただやみくもに学習するだけでは成果を得ることはできません。志望校の過去における出題傾向を研究・把握した上で、練習を進めていくこと、試験までに志願者の不得意分野を克服していくことが必須条件です。そこで、本問題集は小学校を受験される方々に、志望校の出題傾向をより詳しく知って頂くために、出題頻度の高い問題を結集いたしました。最新のデータを含む精選された過去問題集で実力をお付けください。

また、志望校の選択には弊社発行の**「2024年度版　首都圏・東日本　国立・私立小学校　進学のてびき（４月下旬刊行予定）」**をぜひ参考になさってください。

〈本書ご使用方法〉

◆出題者は出題前に一度問題を通読し、出題内容などを把握した上で、**〈 準 備 〉**の欄に表記してあるものを用意してから始めてください。

◆お子さまに絵の頁を渡し、出題者が問題文を読む形式で出題してください。問題を読んだ後で、絵の頁を渡す問題もありますのでご注意ください。

◆**「分野」**は、問題の分野を表しています。弊社の問題集の分野に対応していますので、復習の際の目安にお役立てください。

◆一部の描画や工作、常識等の問題については、解答が省略されているものがあります。お子さまの答えが成り立つか、出題者が各自でご判断ください。

◆**〈 時 間 〉**につきましては、目安とお考えください。

◆本文右端の**［〇年度］**は、問題の出題年度です。**［2023年度］**は、「2022年の秋に行われた2023年度入学志望者向けの考査で出題された問題」という意味です。

◆**学習のポイント**は、指導の際にご参考にしてください。

◆**【おすすめ問題集】**は各問題の基礎力養成や実力アップにご使用ください。

〈本書ご使用にあたっての注意点〉

◆文中に**この問題の絵は縦に使用してください。**と記載してある問題の絵は縦にしてお使いください。

◆**〈 準 備 〉**の欄で、クレヨン・クーピーペンと表記してある場合は12色程度のものを、画用紙と表記してある場合は白い画用紙をご用意ください。

◆文中に**この問題の絵はありません。**と記載してある問題には絵の頁がありませんので、ご注意ください。なお、問題の絵の右上にある番号が連番でなくても、中央下の頁番号が連番の場合は落丁ではありません。

下記一覧表の●が付いている問題は絵がありません。

問題１	問題２	問題３	問題４	問題５	問題６	問題７	問題８	問題９	問題10
問題11	問題12	問題13	問題14	問題15	問題16	問題17	問題18	問題19	問題20
●	●								
問題21	問題22	問題23	問題24	問題25	問題26	問題27	問題28	問題29	問題30
	●	●							
問題31	問題32	問題33	問題34	問題35	問題36	問題37	問題38	問題39	問題40
									●

㊢ 先輩ママたちの声！

◆実際に受験をされた方からのアドバイスです。
ぜひ参考にしてください。

浦和ルーテル学院小学校

・行事には積極的に参加して、学校の雰囲気や、先生と児童の様子などをよく見ておく方が良いと思いました。特に、文化祭（スクールフェア）は、おすすめです。

・面接では、キリスト教についての考え方を聞かれました。あらかじめ自分なりの考え方をまとめておくことが大切です。

・試験では、体操着に着替えずに、そのまま運動テストになりました。キュロットなど動きやすい服装で行くことをおすすめします。

・ペーパーテストの後、子どもは解答時間が短いと言っていました。

・都内からなど、比較的遠くから入試を受ける人が増えたようです。
面接でも「そんなに遠くから通学できるのか」という質問がありました。

・駅からバスで10分はかかります。到着は時間に余裕を持っておいた方がよいと思います。

・親子面接での「お話作り」では想像力、語彙力、伝達力が必要で、普段の生活でのコミュニケーションの大切さを感じました。

・保護者にはアンケート（小論文）が2回ありました。子育ての方針、親としての考えを固め、準備をした上で臨むことが必要と感じました。

・自分の靴は自分で持ち歩くので、靴入れがあると便利です。

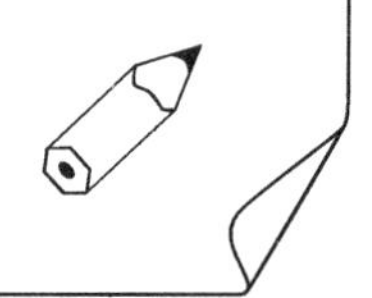

◎学習効果を上げるため、前掲の「家庭学習ガイド」及び「合格のためのアドバイス」をお読みになり、各校が実施する入試の出題傾向を、よく把握した上で問題に取り組んでください。
※冒頭の「本書のご使用方法」「ご使用にあたっての注意点」も併せてご覧ください。

2023年度の最新入試問題

問題1　分野：記憶（お話の記憶）

〈準備〉　鉛筆

〈問題〉　お話を聞いて後の質問に答えてください。

明日は家族みんなで、おじいさんとおばあさんのお家へ泊りに行きます。おじいさんのお家は海の近くにあるので、とても楽しみです。お兄さんの一郎君、妹の花子さんは、それぞれ持っていくものを用意しました。お母さんはおじいさんと、おばあさんのために、お土産を買いに行ました。おじいさんは甘いものが好きなのでどら焼きを、おばあさんはおせんべいが好きなので、おせんべいを買いました。そして二人に素敵なティーシャツも買いました。一郎君は虫取り網と、虫かご、トランプ、パジャマを用意し、花子さんは絵本や着替え、パジャマ、ままごと道具などをリュックに入れました。次の日の朝、みんなは朝早く起き、出発しました。お家から駅まではバスに乗り、駅からは新幹線に乗りました。新幹線は椅子を向かい合わせにして家族が向き合って座りました。新幹線の窓からは高いビルがたくさん見えていましたが、しばらくするとビルが段々と少なくなり、お家が多くなってきました。またしばらくすると、畑が多くなりました。外を見ていた一郎君が「あっ、菜の花がきれいに咲いている」と言いました。他にも桜がきれいに咲いていました。二人は朝早くに起きたので眠くなり、ウトウトと寝てしまいました。お父さんの「海が見えてきたぞ」という声で二人は目を覚ましました。降りる駅に着き、ホームに降りると、「花子、一郎」と呼ぶおじいさんの声が聞こえてきたので、みんなは手を振ってこたえました。そのとき、一郎君がハッとして「花子、虫とり網は？」と聞くと、花子さんは「あっ、新幹線の中に忘れてきちゃった。どうしよう」と泣きそうになりました。一郎君は「いいよ、仕方がないよ」と怒らずに許してあげました。

（問題1の絵を渡す）
①一郎君と花子さんの用意したもので同じものはどれでしょうか。○を付けてください。
②お母さんが買ってきたお土産に○をつけてください。
③一郎君の用意したものに○を、花子さんが用意したものに△を付けてください。
④新幹線に忘れ物をしたと聞いたときの一郎さんの顔はどんな顔でしたか。○を付けてください。
⑤新幹線の中から3番目に見えたものはどれですか。○を付けてください。
⑥新幹線に忘れてきたものは何でしょうか。○を付けてください。

〈時間〉　各20秒

〈解答〉　①真ん中　②左端・真ん中　③○左から２番目・真ん中　△左端・右から2番目
④左から２番目　⑤右から2番目　⑥右端

学習のポイント

お話の内容は難しいものではありませんが、色々なものが出てくるため、しっかりと整理をして記憶しないと答えることができません。また、解答が複数あるものが多いため、一つ解答できたからと解答するのを止めずに、止めの指示があるまで取り組むように指導しましょう。この問題全体を通して、解くためには、集中力、記憶力、最後まで諦めない力など、総合力が必要な問題といえます。このような問題の対策としては、読み聞かせを十分に行い、基本的な力をつけると共に、日常生活では、指示を複数まとめて出すなど、取り入れることをおすすめします。また、問題を解いている最中、お子さまが書く解答記号にも着眼してください。この問題では解答記号に三角を使用していますが、しっかりと頂点が書けているでしょうか。本人が三角と思っても、採点者が三角と認めなければ誤記号として扱われてしまいます。頂点のあるものはしっかりと頂点を書くことを意識させてください。

【おすすめ問題集】

1話５分の読み聞かせお話集①②、　お話の記憶 初級編・中級編、
Ｊｒ・ウォッチャー19「お話の記憶」

問題2　分野：図形（回転図形）

〈準 備〉　鉛筆

〈問 題〉　左側の形を矢印の方へ、矢印の数だけ回すとどのようになりますか。右から選んで○を付けてください。

〈時 間〉　30秒

〈解 答〉　①右から２番目　②右端　③左端

学習のポイント

この問題は、難易度が高い問題といえます。回転したあと、マス目に描かれてある記号の位置関係がどのようになるかを把握するだけでなく、マス目の中の形の向きまで考えなければなりません。一番上の問題を例に解説をします。まず、一番左の列に描かれてある三角に着眼して考えます。回転は右に１回ですから、回転後は三角形が最上段の左から2番目に来ます。この時点で右端が選択肢から除外されます。次に記号の向きを見ると左から2番目は逆になっているので選択肢から除外します。残された選択肢は2つですから、今度はその二つを比較します。このとき矢印の向きだけが違うことに気がつくと思います。解答を見つけるためには矢印の向きの正しいものが正解となります。このように、描かれてある記号を全て比較しなくても、解答を導き出すことはできますが、先ずは、論理的にどうなるのかをしっかりと理解することに努めることをおすすめいたします。

【おすすめ問題集】

Ｊｒ・ウォッチャー５「回転・展開」

問題3　分野：言語

〈準 備〉　鉛筆

〈問 題〉　絵にあうひらがなに○を付けましょう。

〈時 間〉　10秒

〈解 答〉　①おやゆび　②いのしし　③あさがお　④たぬき　⑤どんぶり　⑥ぬいぐるみ
⑦なべ　⑧すりっぱ

学習のポイント

小学校の入学試験でひらがなを出題する学校は限定されており、当校はその中の一つとなります。まず、描かれてある絵の名前が正しく言えることが第一段階となり、その上でひらがなを読めることが求められます。しかし、ひらがなが出題されているからといって、文字の学習にばかり集中してしまうと、他の問題の学習が疎かになってしまいます。このような学習は、日常生活を通して身につけていくとよいでしょう。おすすめは、日用品などに名前を書いたものを貼り、お子さまが視覚で捉えられるようにすることです。このような方法を取り入れることで、日常生活で文字に触れる機会が増え、試験対策としても有効になります。物の名前については、この問題に限らず、小学校の入学試験では頻出分野の一つですから、物の名前は言えるようにしておきましょう。

【おすすめ問題集】
Ｊｒ・ウォッチャー17「言葉の遊び」、18「いろいろな言葉」

問題4　分野：言語（しりとり）

〈準 備〉　鉛筆

〈問 題〉　それぞれ描かれてある絵を使ってしりとりをします。このとき四角の絵からスタートします。しりとりをしたあと、つながらなかった絵に○をつけてください。次に、右と左のつながらなかった絵の最後の音をつないでできるものを下の□の中から探して△を付けてください。

〈時 間〉　30秒

〈解 答〉　①○左側（傘）・右側（飴）　△サメ
②○左側（たんす）・右側（あじさい）　△椅子

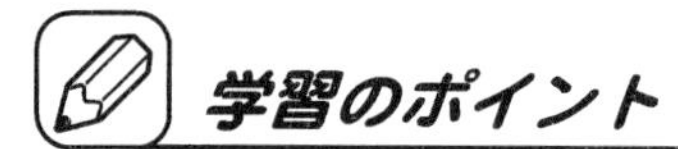

指示が複数出ていますが、しっかりと理解をして解答できたでしょうか。当校の問題の特徴の一つとして、複数の指示が出される問題が多いことが挙げられます。これは指示行動に限定したことではなく、ペーパーテストでも頻出していますので、しっかりと聞き取りに対応する力は身につけておきましょう。しりとり自体は難しいのもではありません。出題では、四角の絵からしりとりを始める指示が出ていますが、解き方としては必ずしも四角から始めなければならないとは限りません。残された選択肢の中でしりとりをし、つながらない絵が解答になります。このようなことは保護者の方が解き方を教えるのではなく、お子さま自身で解答方法を発見するように導いてあげてください。その後、使用しなかった絵の最後の音をつなげてできるものを下から選びますが、このとき、指示された解答記号以外のものを書いていないかチェックしましょう。これは、書き始めも含めて確認してください。

【おすすめ問題集】

Ｊｒ・ウォッチャー49「しりとり」、60「言葉の（音）」

問題5　分野：常識

〈準備〉　鉛筆

〈問題〉　スーパーの中にはペットボトル、プラスチックのトレー、牛乳パックなど、捨てる物によって違う箱が置いてあります。お店に、買い物に来た3匹の動物が話をしていました。

・ウサギが言いました。「トレーを入れる箱にペットボトルを入れてもいいんだよ」

・ネコが言いました。「リサイクルする物ならどこに入れてもいいんだよ」

・ペンギンが言いました。「ペットボトルやトレーは入れるところが決まっていてそこに入れるんだよ。牛乳パックも決まったところに入れるんだよ」

正しいことを言っている動物に○を付けてください。

〈時間〉　10秒

〈解答〉　○ペンギン

学習のポイント

この問題は、日常生活に密着した出題です。ですから、日頃、ゴミを分別して捨てているご家庭のお子さまにとりましては身近な内容になりますから、すんなりと解答することができたでしょう。近年、このような常識に関する出題の解答時間は短くなっている傾向にあります。その理由は、コロナ禍の生活が増え、その分、ご家庭内での取り組み、保護者の方の躾観などがお子さまに強く影響していることが挙げられます。その様な背景から、常識に関する問題は、考えて解答するというよりも、普段している体験に基づいて解答することが増えています。例えば、車内でのマナーについても、「いけない子に」と出題されることが頻出ですが、「お家の方にいけないといわれていることはどれか」という出題に変更した場合、お子さまの正答率は下がります。このような盲点があることを考慮し、日常生活を見直してみましょう。その中の対策の一つゴミの分別ということになります。

【おすすめ問題集】

Ｊｒ・ウォッチャー12「日常生活」、56「マナーとルール」

問題6　分野：数量

〈準備〉　鉛筆

〈問題〉　①ネコとサルが鶴を折っています。ネコは鶴を4つ折りました。サルはネコより3つ多く折りました。サルの折った数だけ右の四角に○を書きましょう。
②シュウマイの上にグリンピースを1つずつ載せました。シューマイを一個ずつ乗せるには、右のどのお皿を選べばよいでしょうか。その皿を見つけて○を付けてください。
③水の入ったコップに氷を入れて、水の高さを同じにしました。2番目に水が多く入っているコップに○を、3番目に多く入っているコップに△を、4番目に多く入っているコップに×を付けてください。

〈時間〉　40秒

〈解答〉　①7つ　②左端（5枚の皿）　③○右から2番目　△左から2番目　×真ん中

学習のポイント

量、数に関する出題ですが、①はしっかりと問題を聞き、頭の中で数の操作をしなければなりません。この作業は読み聞かせの力（想像力）が大きく影響します。しっかりと読み聞かせを行い、頭の中で想像する力を身につけてください。②の問題は、シュウマイの方が少ないため、グリンピースを乗せたシュウマイは５つしかできません。ですから解答も５枚のお皿を選ぶことになります。このことに気がついていれば、シュウマイ=お皿の数となることが分かると思います。③は言葉で説明をしても、なかなか理解できないと思います。実際に氷を使用して実験をし、その後、説明をしてあげてください。そして、出題では○番目と順番を示す言葉が出てきます。この順番を示す言葉を逆から言った場合、対応できるでしょうか。物が5つあるとき、4番目に多いものは、２番目に少ないものと言い換えることができます。このような言い換えも理解できるようにしておきましょう。

【おすすめ問題集】
１話５分の読み聞かせお話集①②、Ｊｒ・ウォッチャー14「数える」、15「比較」
27「理科」

問題7　分野：図形

〈準備〉　鉛筆

〈問題〉　左の絵を見てください。ここに書かれてある絵を、白いものを黒く、黒ものは白くするとどのようになりますか。右から選んで○を付けてください。

〈時間〉　30秒

〈解答〉　①左から2番目、②右端、③左端

学習のポイント

この問題も先ほど述べた回転の問題の解き方と考える順番は同じです。このような図形の問題の場合、お子さま自身で答え合わせをさせることで、問題に対する考え方の理解が早まります。方法は、クリアファイルを問題の上に置き、ホワイトボード用のペンで上から問題で示されたように、白黒を逆にしてなぞります。その後、クリアファイルを選択肢の上に移動させれば、正解かどうかが分かります。間違えていたときは、どこが違ったのかを確認し、合っていた場合は他の選択肢はどうして違うのかを説明させます。そのように説明させることで、お子さまの論理的思考力を伸ばすことができます。ぜひ、取り入れてみてください。このクリアファイルを使用した答え合わせは、図形の問題全般に応用が可能です。時間がかかるかもしれませんが、理解度は確実に上がります。論理的思考力を要する問題は、言葉で説明し理解させることが難しいため、このような方法を取り入れることをおすすめします。

【おすすめ問題集】
Ｊｒ・ウォッチャー29「行動観察」、56「マナーとルール」

問題8　分野：行動観察（間違い探し）

〈準備〉　12色のクレヨン

〈問題〉　この問題は9人1組で行われました。
この2枚の絵をよく見てください。同じ絵が描いてあります。しかし、中には違う絵が描かれてある場所もあります。その場所が分かった人は手を挙げてください。先生に言われた人は、先生の前まで来て棒を使って違う場所を教えてください。

〈時間〉　1分

〈解答〉　カニ→ザリガニ　時計→針の位置　ヒマワリ→葉　イカ→足の数
コスモス→花弁の数　ニワトリ→とさかがない　左手→右手

学習のポイント

たくさんの絵が描かれてあるため、よく観ないと違いが判別できません。注意力、観察力、集中力、積極性が求められる問題です。このような集中力を要する問題を集団で行うことはお子さまに取りまして、非常に難しい内容となります。また、人前で発表するため、消極的だと、参加することができず、積極性という面でチェックが入ってしまう可能性があります。普段、学習をしている際、正解ばかり求めすぎている場合も、お子さまの積極性は失われてしまいますから、正解ばかりを求めず、意見が積極的に言える環境を意識してください。また、このように比較したり、数えたりする問題は他にも多々ありますが、どの場合も、観る（数える）方向を同じにしておくことをおすすめします。常に方向を一定に定めておくことで効率よく作業を行うことができます。

【おすすめ問題集】
Ｊｒ・ウォッチャー29「行動観察」、58「比較②」

問題9　分野：行動観察

〈準 備〉　大きさの違う箱、ビル、ウサギ、電車、車が描かれた旗、三角コーン

〈問 題〉　この問題は6人1組で行われました。
今から４つの旗のある場所を歩いて、全部、回ってもらいます。このとき、
・ビルの旗のところでは、置いてある箱を倒れないように高く積み、ビルを建ててください。
・車の旗のところでは、アザラシのポーズでコーンと旗を一周します。
・電車の旗のところでは、誕生日の早い順番か、背の高い順番に話し合って並びます。
・ウサギの旗のところでは、ジャンプ、ロケット、フラミンゴのポーズをします。
どの旗の所から回るかはみんなで話し合って決めてください。全部の旗のところを回り終わったら、時間がくるまで輪投げをして遊んでいてください。

〈時 間〉　適宜

〈解 答〉　省略

学習のポイント

それぞれの場所で何をするかしっかりと覚えていたでしょうか。また、問題自体は特に難しいことはありませんが、実際の入試では、初めて会ったお友達との共同作業になります。実技に対する積極性、話し合いへの参加の積極性、集中力、体力、協調性、終わった後の態度まで、総合的にお子さまの力が求められます。特にコロナ禍になってからは、こうした共同作業をする経験が少なくなっている影響もあり、お子さまの差が大きく出る分野の一つとなっています。話し合いを苦手とするお子さまが増えていますが、なかなかお友達と積極的に遊ぶという環境も作りにくいことから、家族間での日常会話を多く取ることを意識してください。お友達同士なら、敬語を用いた会話は必要ありませんが、先生との会話においても同じでは困ります。こうしたことも生活の中でしっかりと身につけるようにしてください。

【おすすめ問題集】
Ｊｒ・ウォッチャー29「行動観察」

家庭学習のコツ①　「先輩ママのアドバイス」を読みましょう！

本書冒頭の「先輩ママのアドバイス」には、実際に試験を経験された方の貴重なお話が掲載されています。対策学習への取り組み方だけでなく、試験場の雰囲気や会場での過ごし方、お子さまの健康管理、家庭学習の方法など、さまざまなことがらについてのアドバイスもあります。先輩ママの体験談、アドバイスに学び、ステップアップを図りましょう！

問題10　分野：巧緻性（制作バックつくり）

〈準備〉　ハサミ、のり、クーピーペン12色、紐2本、ビーズ2個、パンチで２カ所穴を開けた水色の画用紙2枚、緑・青・赤の縦長の紙、卵の殻（下半分）を描いた絵

〈問題〉　**この問題の絵は縦に使用して下さい。**
今からお手本（問題10）を見ながらバックを作ります。
・まず、水色の紙2枚を穴の空いた部分が同じ場所になるように重ねます。左右、下の部分に緑、青、赤の紙にのりをつけ、重ねた紙が袋になるように貼ってください。はみ出した部分は切ってください。
・卵の殻の絵を切り取り、青い紙に貼ってください。貼ったら、卵の割れた所にひよこの絵を描いてください。
・紐にビーズを通し、紐をそれぞれの紙の穴に通して片結びをしてください。2本ともやってください。バックの出来上がりです。
（お手本は各自に配られました）

〈時間〉　20分

〈解答〉　省略

学習のポイント

試験ではお手本が手元にあるので、説明を聞きながらお手本を見ることができました。指示された作業をしっかりと覚え、作業ができたでしょうか。このような制作の問題の場合、作ることに意識が集中してしまいがちですが、切った後のゴミや、使用した後のハサミの状況など、作業以外のことにも注意は必要です。このようなことは普段から意識をして取り入れていなければいけせん。特に、コロナ禍になってから、このような課題内容以外のことで差がつくことが多くなってきていると言われています。巧緻性に関する力は、経験を積まないとなかなか上達しない分野と言われています。対策としては、何を作るかではなく、行程作業として何をしたかに重点を置いて練習をします。その上で、出題されている作業を生活の中でも多く取り入れるようにしましょう。作った作品は、ご家庭内に飾る等することで、やる気もアップさせましょう。

【おすすめ問題集】
ゆびさきトレーニング①②③、Ｊｒ・ウォッチャー23「巧緻性 切る・貼る・塗る」

問題11　分野：アンケート記入

〈準備〉　なし

〈問題〉　**この問題の絵はありません。**
面接直前、受験者は絵を描き、保護者はアンケートを記入します。
（面接直前20分）

アンケート内容（グループによって内容は異なる）
・コロナ禍において子どもにどんな力をつけるべきだと考えますか。具体的にお書きください。
・子どもが泣きながら帰宅をしましたが、その理由を話しません。その様なときは、どう対処しますか。具体的にお書きください。
・親の期待通りに育っていないと感じ時、どのように考えますか。具体的にお書きください。
・受験者名、保護者名（続き柄）、生年月日、勤務先、部署名、役職、最終学歴、併願校、同居者名（続きがら、勤務先、学校名）、通塾名と年数。
・子育てで小学校の役割と、家庭の役割をどう考えますか。具体的に書いてください。

〈時間〉　30分

〈解答〉　省略

学習のポイント

作文、アンケートは保護者の方が頭を悩ませる課題の一つだと思います。保護者の方は、より上手く書こうという意識が強く働くと思います。学校側が、アンケートで知りたいことは、保護者の方の考え、躾観がメインであり、正解を求めているのではありません。むしろ、普段実践していないことを書こうとすると、文章に無理、矛盾が生じる可能性が出てきます。試験だからとよいことを書こうとするのではなく、問われていることを理解し、生活そのものに落とし込んで対策をとることをおすすめします。そうすることで、強いメッセージを学校側に送ることができます。提出物を書くときは、読み手のことを考え、文字の大きさ、言葉遣い、分量をしっかりと考慮して書きましょう。そのようなことも観られていると考えて良いでしょう。誤字、脱字はないに超したことはありませんが、過剰に意識する必要はありません。

【おすすめ問題集】
新 小学校受験 願書・アンケート・作文 文例集500

問題12　分野：面接

〈準備〉　なし

〈問題〉　**この問題の絵はありません。**
志願者へ
・名前、年齢、誕生日を教えてください。
・幼稚園、保育園の先生とお友達2名の名前を教えてください。
・幼稚園ではどのような遊びをしているか教えてください。
・何の絵を描いたか説明をしてください。
・（用意された3枚の絵を提示され）この絵を見てお話を作ってください。

父親へ
・お子さまが描いた絵について、良い点、褒める点、改善点があればお子さまに話してあげてください。
・お子さまの特徴について教えてください。
・どのようなお仕事をされているか説明をしてください。
・学校でお子さまに何かがあったとき、どなたが迎えに来られますか。

母親へ
・お子さまのしたことについて、お子さまに質問などをしてお話をしてください。
・併願校について教えてください。

〈時間〉　30分

〈解答〉　省略

学習のポイント

面接につきましては、学校別の対策はありません。面接で大切なことは、美辞麗句を並べることではなく、発言者の意識、想いが言葉に乗ることです。また、お子さまの注意点はは集中力の持続、目を見て話すこと、言葉遣いなど、基本的なことになります。実際の面接テストは、想像以上に緊張します。ですから、その場しのぎで何とか、という考えは通用しません。考えなくても回答がすらすらと出てくるような生活を送ること、考えを持つことが一番の対策になります。普段していることなら、自信をもって答えることもできると思います。面接テストではこのような事を観察しています。面接の対策につきましては、弊社発行の面接テスト問題集（お子さま用）、面接テスト最強マニュアル（保護者用）を、お勧めいたします。実際の面接テストでのチェックポイントやアドバイスがたくさん書いてありますので、ぜひご覧ください。

【おすすめ問題集】
小学校受験の面接Q＆A、面接テスト問題集、保護者のための入試面接最強マニュアル

問題12　分野：言語（文字と絵の一致）

〈準 備〉 クーピーペン（赤）

〈問 題〉 絵を見てください。文字のカードといろんな絵が描いてあります。
絵と文字の関係のあるものどうしを線で結んでください。

〈時 間〉 30秒

〈解 答〉 下図参照

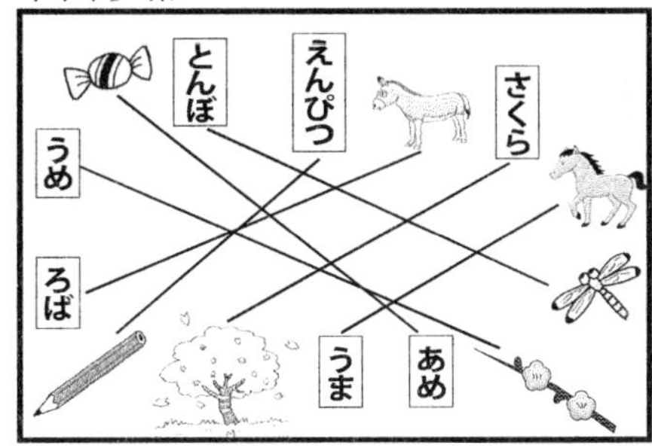

［2022年度出題］

学習のポイント

当校の試験では、ひらがなが読める、ことばの意味が理解できることが求められます。このような出題は他校ではあまり見られず、当校の試験の特徴の一つと言えるでしょう。2022年度の場合、ひらがなを書かせることは出題されていませんが、名称とひらがなを正しく結び付ける問題が出題されています。しっかりとひらがなを覚え、練習をしてください。また、この問題は、円形に並べられたものを線でつなぎます。いきなり線を引き始め、途中で迷ってしまうと、解答用紙が線で汚くなってしまいます。そうなると、どれとどれとを結び付けているのか、採点者が判断できなくなってしまいます。問題を解く際、採点者が分かるように解答をすることも重要です。このような問題の場合、先ずは頭の中で解き、どれとどれをつなげるか決めた上で、線を引き始めることをおすすめします。

【おすすめ問題集】

Ｊｒ・ウォッチャー11「常識 いろいろな仲間 」、18「言語 いろいろな言葉 」、26「文字・数字」

家庭学習のコツ②　「家庭学習ガイド」はママの味方！

問題演習を始める前に、試験の概要をまとめた「家庭学習ガイド（本書カラーページに掲載）」を読みましょう。「家庭学習ガイド」には、応募者数や試験課目の詳細のほか、学習を進める上で重要な情報が掲載されています。それらの情報で入試の傾向をつかみ、学習の方針を立ててから、対策学習を始めてください。

問題13　分野：言語（音つなぎ）

〈準 備〉　クーピーペン（赤）

〈問 題〉　上の絵を見てください。文字のところに●がついています。
その●のところの音をつないでできる言葉を線で結んでください。

〈時 間〉　１分

〈解 答〉　下図参照

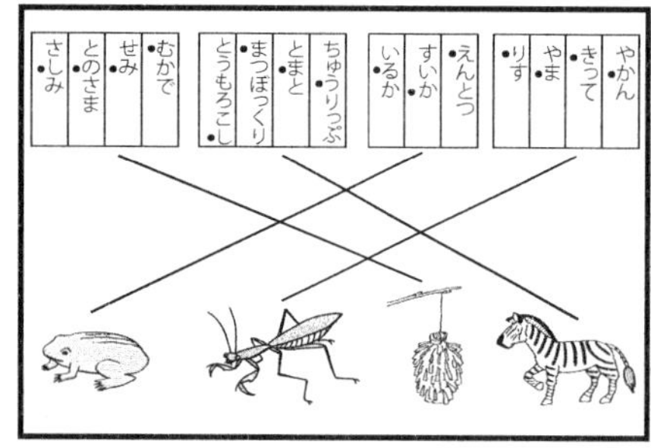

［2022年度出題］

学習のポイント

前問と同じように、ひらがなを認識し、図と単語を一致させることが求められます。前問と違うのは、上に書かれた文字の、指定された音をつなげてできる、生き物の名前と絵を結び付ける必要があります。さらに、上の絵は順番に並んでいません。印がついた文字を組み替えて名前を見つけなければなりません。こうした文字の並び替えの他にも、下の生き物の名前が判っているか、線がしっかりと書けているか等の要素も求められることから、前問よりも難易度が高い問題といえるでしょう。この際、上の絵の数が生き物の名前の文字数になることを考えると、カエルだけは3文字ですから、解く時間を省略することができます。このように、選択肢を減らしてから別の問題に取り組む、といった着眼点も大切です。また、学習として取り組むよりも、言葉遊びとして楽しく取り組む方が苦手意識を持たずにできると思います。

【おすすめ問題集】

Ｊｒ・ウォッチャー17「言語 言葉の音遊び」

問題14 分野：常識（料理道具）

〈準 備〉 クーピーペン（赤）

〈問 題〉 この絵の中でお料理をする時に使うもの全部に○をつけてください。

〈時 間〉 30秒

〈解 答〉 下図参照

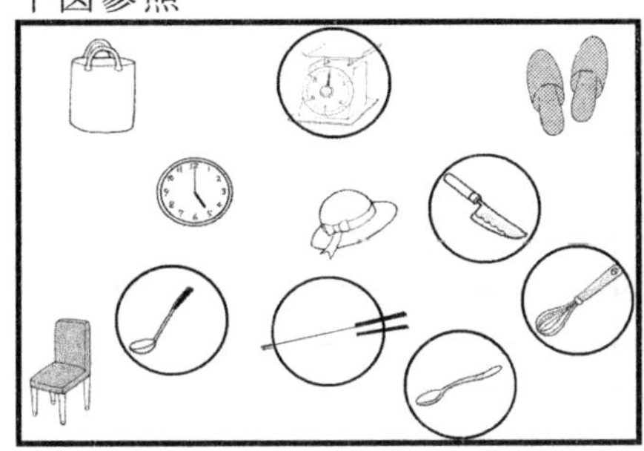

［2022年度出題］

学習のポイント

今回は料理に使う道具に関する問題です。生活の中で道具を使用することは多々あると思います。この問題は、単に料理に関する道具の名前を覚えるというよりも、日常生活において使用する道具の名称と使用方法などを求める問題として捕らえてください。こうした出題をする学校側の意図は、「生活体験に基づく知識を問う」ことです。こうした学校側の意図をくみ取り、日常生活に落とし込んで対策を取りましょう。日常生活に関する物は、単に名前を覚えるだけでなく、使用方法までセットで覚えましょう。この問題を広義にとらえていくと、職業とそれに関連した物や道具、料理と材料など、関連づける内容に発展させることができます。

【おすすめ問題集】

Ｊｒ・ウォッチャー11「常識 いろいろな仲間」

問題15　分野：数量（比較）

〈準　備〉　クーピーペン（赤）

〈問　題〉　①上の段を見てください。２つの箱を紐で結んであります。２つの箱の紐全部の長さを比べると、どちらが長いでしょうか。長い方に○をつけてください。
②下の紐で一番短い紐に○をつけてください。

〈時　間〉　１分

〈解　答〉　下図参照

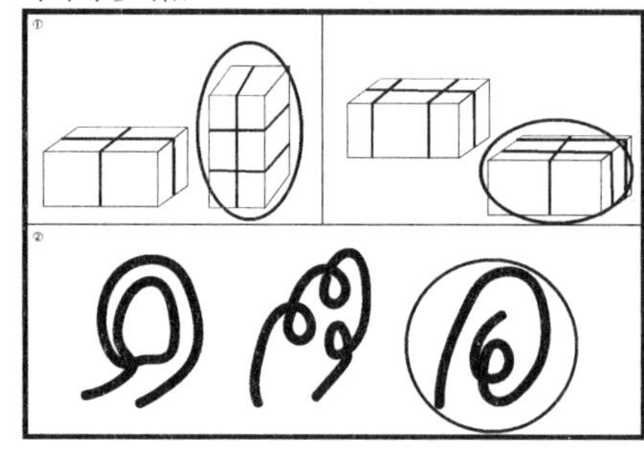

［2022年度出題］

学習のポイント

ひもの長さを問う問題です。このような問題の場合、保護者の方が採点をするのではなく、お子さま自身が実際に積み木や箱をひもでくくり、その長さを比べてみるとよいでしょう。具体物を使用し、自ら比較することで、このような問題に対して、どこに着目すればよいのか、お子さま自身で気付くことが出来ます。こうしたことを繰り返し体験することで、スムーズに解答できるようになってきます。お子さま自身で解答を検証し学習を進めることは、数量図形の分野においても効果を発揮します。
また、問われている内容を正しく理解できているかもチェックしてください。正しく比較ができていても、答えるものを間違えていては正解を導けません。

【おすすめ問題集】
Ｊｒ・ウォッチャー15「数量 比較」

問題16　分野：数量（対応）

〈準　備〉　クーピーペン（赤）

〈問　題〉　①ネズミが○のところに入ります。○のところには1匹しか入れません。どちらがいくつ余るでしょうか。余った方の絵全部に○をつけてください。
②手袋をはめたとき、どちらが足りないですか。足りない方の絵に○をつけてください。
③これからご飯を食べますが、あと、箸が何膳あったら全員食べられるでしょうか。その数だけ下の□に箸のような線を書いてください。
④○1つと△３つをひとつにまとめたとき、どちらがどれだけ足りないでしょうか。足りない数だけ、下にその形で書いてください。

〈時　間〉　１分

〈解　答〉　下図参照

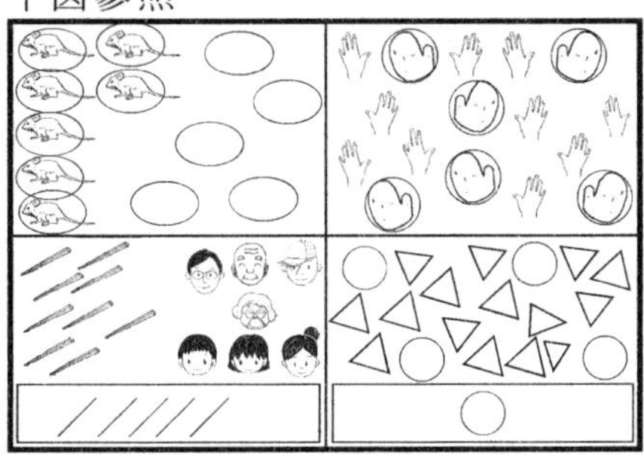

［2022年度出題］

学習のポイント

数量に関する様々な内容がこの問題の中に納められています。①は比較、②はペアリングをした上での比較、③は補数に関する内容、④は一対多数の比較です。②の問題は、手袋をはめたときと条件が指定されていることをしっかりと聞き取り、理解し、対応できていたでしょうか。④は○1つと△３つという、条件の違うもののペアリングとなります。この問題もよく見ると、生活に関係することが多く含まれており、生活体験に基づく出題という当校の傾向がよく汲み取れる内容といえるでしょう。先ずは、数を早く、正しく数えることができるか、その上で出題されたことを理解し対応できるかが問われます。焦らず、しっかりと取り組むことと共に、問題を解く際、自分に置き換えて解くようにすると、イメージがしやすいと思います。

【おすすめ問題集】
Ｊｒ・ウォッチャー40「数を分ける」、42「数量　１対多の対応」、
43「数量　数のやりとり」

問題17　分野：数量（系列）

〈準備〉　クーピーペン（赤）

〈問題〉　**この問題の絵は縦に使用してください。**
それぞれの段で上に描いてある絵は、あるお約束で並んでいます。
抜けているところには下のどの形が来るでしょうか。初めの□に来る絵には○を、次の□に来る絵には△を下の絵に書いてください。

〈時間〉　5分

〈解答〉　下図参照

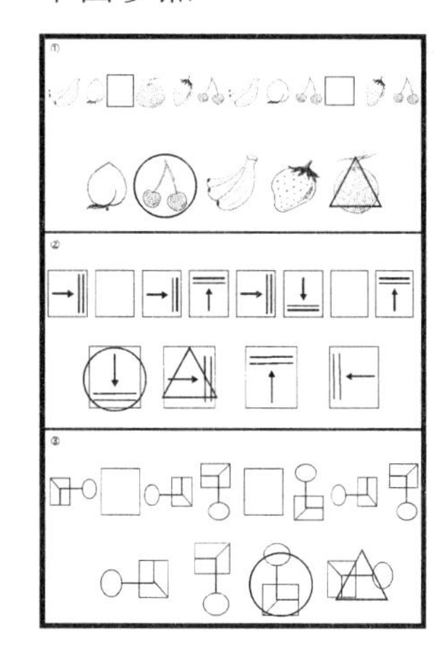

［2022年度出題］

学習のポイント

図形の系列について、規則性を探す問題です。いかにルールを早く見つけることができるか、がポイントとなります。答え合わせをする前に、お子さまに、どうしてこの答えになったのか、それぞれの問題の規則性をきいてください。この解答を導き出すまでのプロセスがしっかりと出来ていることが大切です。このような系列の問題を解く際、両手を使って同じ絵を指で差していく方法、頭の中で名前を言うことで規則性を見つける方法など、さまざまな方法がありますが、上に挙げた二種類の方法はできるようにしておくとよいでしょう。本問は難易度が高いため、まずは問題集などを利用し、簡単なものから練習を重ねるとよいでしょう。

【おすすめ問題集】
Ｊｒ・ウォッチャー6「数量　系列」

家庭学習のコツ③　効果的な学習方法～問題集を通読する

過去問題集を始めるにあたり、いきなり問題に取り組んではいませんか？　それでは本書を有効活用しているとは言えません。まず、保護者の方が、すべてを一通り読み、当校の傾向、ポイント、問題のアドバイスを頭に入れてください。そうすることにより、保護者の方の指導力がアップします。また、日常生活のさまざまなことから、保護者の方自身が「作問」することができるようになっていきます。

問題18　分野：図形（展開図形）

〈準備〉　クーピーペン（赤）

〈問題〉　左の絵を見てください。上２つは、折り紙を２つに折って黒いところを切り取りました。
元の折り紙を開いたとき、どのようになっているでしょうか。右側から探して正しい形に○をつけてください。
下２つは４つに折って黒いところを切り取りました。同じようにやってください。

〈時間〉　30秒

〈解答〉　下図参照

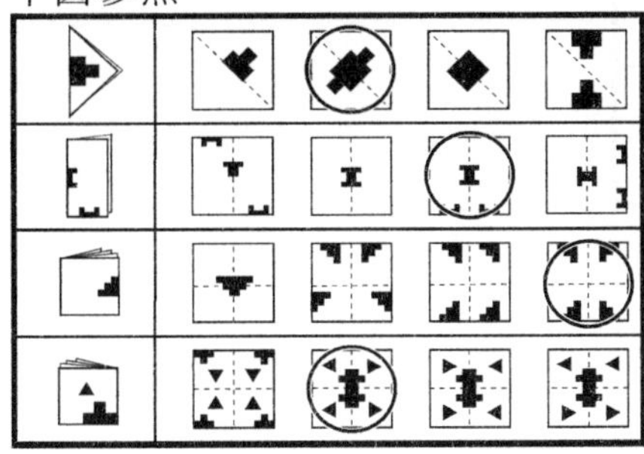

［2022年度出題］

学習のポイント

まずは、一枚の紙を二つ折りにして切り取った場合、どのようになるのかをしっかりと理解していることが大切です。折り目部分とそうでない所を切り取り、展開したときどのようになるのかをお子さま自身に発見させてください。自分で発見することで自信へとつながりやすくなります。こうした規則性をしっかりと理解していないと、その先の発展問題は解答することはできません。折り目の部分を切り取ると、展開したときに面積が倍になり、折り目から離れている部分を切り取った場合、展開すると切り取った部分は離れる、ということをしっかりと理解しましょう。これは両手を使用して指導することが可能です。片方の掌を上にし、その上に反対の掌を重ねます。そして、小指をくっつけた状態で上の掌を開きます。小指はくっついたままですから指が太くなり、親指は左右に大きく開きます。四つ折りの場合、この作業が２回繰り返されることになります。

【おすすめ問題集】

Ｊｒ・ウォッチャー５「図形　回転・展開」、46「図形　回転図形」、
54「図形の構成」

問題19　分野：図形（四方からの観察）

〈準備〉　クーピーペン（赤）

〈問題〉　真ん中の積み木を４つの方向から見たときに、どのように見えるでしょうか。それぞれの記号を下の絵に書いてください。

〈時間〉　３分

〈解答〉　下図参照

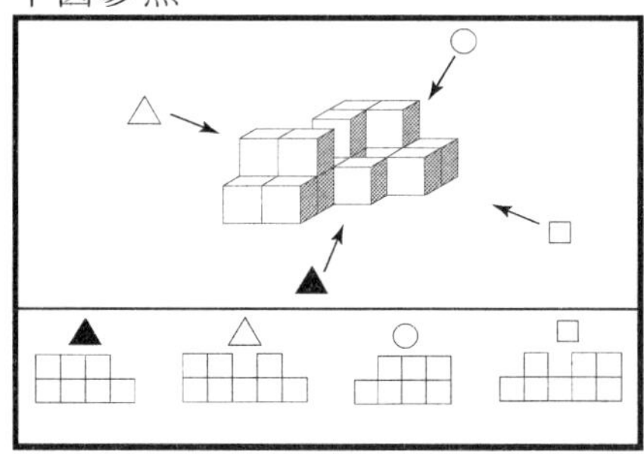

［2022年度出題］

学習のポイント

積み木の四方からの観察の問題は、積まれた積み木の特徴を見つけることから始まります。その特徴がどのようになっているかを中心に、選択肢と比べていきます。また、手前（この場合前面）から見たときの個数、奥行きの個数、それぞれの高さ、がどうなっているかを観ていきます。大切なことは、問題を解く際、見方（考え方）を一定にすると混乱を避けることができます。そのようにして問題を解いたあと、お子さまに、テーブルなどの上に問題の積み木と同じように積ませます。自分自身で積み木を積むことで、その形の特徴を把握することができます。そのあと、実際に積んだ積み木を、四方から観察してみるとよいでしょう。縦横の積み木の個数や向きを考え、各方向から見た形の特徴を捉えることができるようになると素早く解答することができるでしょう。

【おすすめ問題集】
Ｊｒ・ウォッチャー53「図形　積み木編　四方からの観察」

問題20　分野：巧緻性（制作）

〈準備〉　クーピーペン（赤）、はさみ、のり、だいだい色の紙、黄色い紙

〈問題〉　ここにある材料を使って、絵を見ながら作ってください。

〈時間〉　10分

〈解答〉　省略

［2022年度出題］

学習のポイント

運動・面接・巧緻性など、自分の手や身体を動かすものは、お子さまの経験量に比例して上達します。他の分野のような、急にできるようになるポイントはありません。そのため、学習だけではなく、遊びにもこれらの作業を取り入れ、体験量を増やすようにするとよいでしょう。また同時に、道具の正しい使用方法、例えば、ハサミの受け渡し方法、使用後の置き方なども指導してください。ハサミが開いたまま置いてあると、他のお友達が怪我をする可能性があります。巧緻性の問題は、後片付けも観点の中に入っています。ですから、使用後のゴミなども片付けるようにしましょう。

【おすすめ問題集】
ゆびさきトレーニング①②③
Ｊｒ・ウォッチャー23「巧緻性 切る・貼る・塗る」

問題21 分野：運動

〈準備〉 コーン、フラフープ

〈問題〉 【模倣体操】（全員でおこなう）
今から準備体操をします。私（出題者）と同じように、体を動かしてください。
①両手を広げてください。
②その場でジャンプをしてください。
③（ジャンプをしながら）それでは、右にグルグル回りながらジャンプをしてください。次に、左にグルグルまわりながらジャンプをしてください。

ここからは、私のポーズをまねしてください。
④両腕を横に広げて、片足で立って、カカシのポーズをしてください。
⑤片足で立ち、両手を広げて体は前へ、あげている方の足は後ろへ。
飛行機のポーズをしてください。

【基本運動】
先生の指示にしたがって、カラーコーンの間で実施する。
今からグループに分かれて競争をします。線のところからスタートして、ゴールまで来たら、列の１番後ろに並んで、自分の番になるまで座って待っていてください。
・クマ歩き
・スキップ
・ケンケンパ
・10メートル走

〈時間〉 ８分

〈解答〉 省略

［2022年度出題］

学習のポイント

2021年度は感染症対策として一部の入試は校外で行われたのですが、運動のテストも行われたようです。内容は例年ほとんど同じで特に練習が必要なものでもありません。目立つ必要はないので、指示を聞き、正しく理解してから行ってください。気になるようなら練習をしておいてもよいですが、運動能力のテストではないので、「できる・できない」を気にする必要はありません。競走やゲーム形式のものでも勝敗は評価にほとんど関係ないということを知っておきましょう。

【おすすめ問題集】

新運動テスト問題集、Ｊｒ・ウォッチャー28「運動」

問題22　分野：面接（保護者面接・幼児面接）

〈準備〉　なし

〈問題〉　**この問題の絵はありません。**

保護者へ

・お父さまのお仕事についてお聞かせください。
・お子さまと出かけた時に気を付けていることについてお聞かせください。
・お子さまが描いた絵の良いところと、工夫が必要だと思う点についてお聞かせください。（子どもはクレヨンを使用して友達と遊んでいる絵を描くように指示されています。）
・イエス様についてお聞かせください。

〈時間〉　10分程度

〈解答〉　省略

［2022年度出題］

学習のポイント

保護者の方に対する質問ですが、お子さまに関する内容が多く問われています。これは日頃からお子さまと関わらないと、解答できませんし、仮に解答したとしても、発言した言葉に力がありません。面接テストに関しては、弊社発行の「面接テスト問題集」（お子さま用）、「面接テスト最強マニュアル」（保護者面接用）のアドバイスを是非参考にして頂きたいと思います。面接官は、回答者が発した言葉が日々の実践に基づくものか、試験のために美辞麗句を並べたものか、判ります。後者の場合、いくら良い回答をしても、面接官の心までは響きません。面接を受ける方は、回答する内容を意識しますが、面接官はその言葉の背景を観ています。そのため、質問項目をしっかりと理解し、生活に落とし込んで対策をとることをおすすめいたします。

【おすすめ問題集】

小学校受験の面接Q＆A、入試面接最強マニュアル

問題23　分野：保護者アンケート

〈準備〉　なし

〈問題〉　**この問題の絵はありません。**
子どもを育てるうえでの、小学校の役割と家庭の役割について、「浦和ルーテル学院小学校が求める子ども及び保護者」の像を理解し具体例を挙げて家庭の考えを書く。

〈時間〉　適宜

〈解答〉　省略

［2022年度出題］

学習のポイント

みなさまが当校の教師であったら、このタイトルの場合、どのようなことを観ようと思いますか。それを考えたときの解釈は間違っていないと思います。このタイトルなら、当校をしっかりと理解して志望しているかどうか、が観点の一つです。学校側はこうした考えを持ったご家庭に志願して頂きたいという狙いを見て取ることができます。そのような分析ができたら、その考えから外れないようにご家庭の考えをしっかりと伝えてください。今回は具体例を挙げて、と出題されていますから、アンケートに書かれる内容は一つに絞って書くことをおすすめいたします。複数の内容を盛り込むと、何が言いたいのか伝わらない作文になってしまう恐れがあります。また、文章は書き慣れていないと、分量、バランスを考えながら書くことは難しいと思います。よく「起承転結」と言われますが、「結起承」「結起承転」で書いても良いと思います。一番重要なことは結論ですから、大切なことを先に書くことで、言い足りなかった、余ってしまったなどということを回避することが可能です。

【おすすめ問題集】
新 小学校受験 願書・アンケート・作文 文例集500

問題24　分野：言語（記名）

〈準備〉　鉛筆

〈問題〉　上の段を見てください。四角が並んでいます。今からこの四角に自分の名前を書きます。私の名前は「やまだはなこ」ですから、このように「や」「ま」「だ」「は」「な」「こ」と書きます。間違えてしまった時は、間違えたところに×を書いて、その上に書き直してください。
それでは、下の段に自分の名前を書いてください。

〈時間〉　40秒

〈解答〉　省略

［2021年度出題］

志願者自身に名前を書かせる問題です。独特の問題ですが、漢字が書けたりする必要はなく、自分の名前がひらがなで書け、読みができれば問題ありません。ですので特別な対策は必要ないでしょう。この問題の答案用紙に自分の名前を書いて練習しておいてください。鉛筆の持ち方や書く時の姿勢などは以外にチェックされていますから、お子さまに気になる点があれば、その際に指導するようにしましょう。

【おすすめ問題集】
Ｊｒ・ウォッチャー26「文字・数字」

問題25　分野：分野：推理（系列）

〈準備〉　鉛筆

〈問題〉　①（問題14-１の絵を出す）左の四角の「●」「▲」「◎」が書いてあるところにはどの野菜が入りますか。正しい組み合わせを右の四角から選んで○をつけてください。
②（問題14-２の絵を出す）左の四角の「●」「▲」「◎」が書いてあるところにはどの動物が入りますか。正しい組み合わせを右の四角から選んで○をつけてください。

〈時間〉　各１分

〈解答〉　①下から２番目　②１番上

［2021年度出題］

学習のポイント

系列は記号や絵の並んでいるパターンを発見する問題です。具体的に言うと「○△□○△□？」という系列で「？」になっているところに何の記号が入るか、といった問題です（答えは「○」です）。この問題では、10以上の野菜や動物が並んで１パターンになっています。これを把握するのはよほどの記憶力がないと無理ですから、実際の解き方は「●の前はダイコンだから、ほかのところのダイコンの後はクリで…」と考えていくしかないでしょう。考えすぎるとかえって難しくなってしまう問題ですから、ほかのところでどのように並んでいるかに注目して、答えが出せればそれでよしとしてください。

【おすすめ問題集】
Ｊｒ・ウォッチャー６「系列」

問題26　分野：図形（展開）

〈準備〉　鉛筆

〈問題〉　それぞれ左の絵のように折り紙を折り、黒く塗ったところを切り取ります。折り紙を開いた時、どのようになるでしょうか。右の４つの中から選んで○をつけてください。

〈時間〉　１分

〈解答〉　①右上　②右上

［2021年度出題］

学習のポイント

展開の問題です。②のようにやや複雑なものもあるので注意してください。展開の問題は「折った線の線対称に切り取った形が線対称（左右逆）にできる」ということが理解できればほとんどの問題に答えられますが、お子さまに言葉で説明しても、まず理解できません。手間はかかりますがやはり実物を見せて理屈を理解してもらいましょう。たいていは「折った紙の一部を切り取る→開く」という作業を何度か見せれば仕組みが理解でき、こうした問題も直感的に答えられるようになります。

【おすすめ問題集】
Ｊｒ・ウォッチャー５「回転・展開」

問題27　分野：数量（１対１の対応）

〈準備〉　鉛筆

〈問題〉　左の四角に描いてあるソフトクリームに１つずつサクランボを載せるには、右のどのお皿を選べばよいでしょうか。○をつけてください。

〈時間〉　30秒

〈解答〉　下図参照

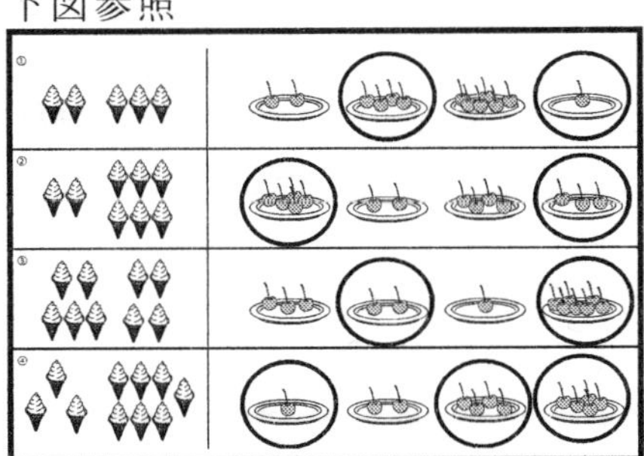

［2021年度出題］

学習のポイント

数量の問題です。当校の入試の数量はさまざまな切り口で出題されるのですが、観点は大きく分けて２つです。①10以下の数であれば、ひと目見ていくつあるのかがわかること。②２つの集合（塊）のどちらが多い、少ないといったことがわかるということです。ここでは１対１の対応、つまりセットにした時に当てはまるものを選ぶという問題ですが、要は左の四角に描いてあるソフトクリームの数とサクランボの数が同じになればよい、ということになります。ここで指折り数えて答えを出すよりも、ひと目見ていくつあるかがわかった方が当然早く答えることができ、数え間違いといったケアレスミスも防げます。

【おすすめ問題集】

Ｊｒ・ウォッチャー14「数える」、38「たし算・ひき算1」、
39「たし算・ひき算2」、41「数の構成」、42「一対多の対応」

問題28　分野：複合（聞きとり・数える）

〈準 備〉　鉛筆（赤）

〈問 題〉　①「イヌとウサギはクッキーを持っています。ウサギはイヌより３個多くクッキーを持っています」。上の四角からこのお話に当てはまる絵を選んで○をつけてください。
②「イヌとウサギはクッキーを持っています。イヌとウサギが持っているクッキーの数は４個違います」。下の四角からこのお話に当てはまる絵を選んで✓をつけてください。

〈時 間〉　各30秒

〈解 答〉　①○右　②✓左

［2021年度出題］

学習のポイント

お話を聞いて数について当てはまるものを選ぶ問題です。目で見るのではなく、言葉を理解して状況をイメージします。とは言っても、内容的にはそれほど難しいものではありません。正確にお話の内容を理解して、絵を見てそこに描いてあるものの数がわかれば答えに困ることはないでしょう。強調しておきたいのは、まず、指示やお話を正確に聞き取ることに集中すること。目の前に絵（答案）を配られるとどうしても目がそちらに向いがちですが、指示を聞いていないと解けないのが小学校入試の問題です。「答え方」まで指示されることが多いので、最後まで聞くようにしましょう。

【おすすめ問題集】

Ｊｒ・ウォッチャー14「数える」

問題29　分野：常識（生活・マナー）

〈準備〉　鉛筆

〈問題〉　①4つある四角のうち、描いてあるものがすべて料理に使う道具の四角を選んで　○をつけてください。
②描いてある絵の中で正しいものに○をつけてください。

〈時間〉　1分

〈解答〉　①左下　②○：下段左、下段真ん中

［2021年度出題］

学習のポイント

当校ではあまり出題例のなかった常識分野の問題です。①②も特に難しいことを聞かれているわけではありません。わからなければこういった問題の答えを覚えるよりは、実際に経験する、実物を見るといった形で知識を得た方が印象に残るだけなく、似たようなことを聞かれた時に勘を働かせて答えることもできるでしょう。常識問題で聞かれる知識のほとんどは生活の中で学べることです。保護者の方はその意識を持ってお子さまにマナーを含めた年齢相応の常識を身に付けさせるようにしてください。

【おすすめ問題集】
Ｊｒ・ウォッチャー56「マナーとルール」

問題30　分野：記憶（お話の記憶）

〈準備〉　鉛筆

〈問題〉　これからお話をしますから、よく聞いて後の質問に答えてください。
カエルくんは、友だちのクマくんとウサギさんを誘って、ピクニックに行くことにしました。カエルくんは毎日、天気予報を見て、お友だちとピクニックに行くことを楽しみにしていました。やがてピクニックの日になりました。空はよく晴れていたのでカエルくんはなんだかうれしくなりました。カエルくんが集合場所の原っぱに行くとまだ誰もいませんでした。しばらくすると、「カエルくーん」と言いながらウサギさんが跳ねながらやってきました。次に森から、クマくんが「カエルくーん」と言いながらノッシノッシとやってきました。これでみんな揃ったのでピクニックに出発します。行き先はお花畑です。「いい天気になってよかったね」「昨日の天気予報では雨が降るかもしれないと言っていたので傘を持ってきたよ」「カエルくん、天気予報をチェックしてくれたんだね」。原っぱを通り抜けてしばらく歩くと、お花畑です。お花畑に着くとウサギさんは「お弁当を食べよう」と言って準備を始め、「カエルくんの好きなミニトマトと、クマくんの好きなハチミツを持ってきたよ」と言いながらリュックサックから食べものを取り出しました。「それはどうもありとう」とクマくんは言い、大きな青色のレジャーシートを敷きました。そして、「ぼくはニンジンを持ってきたよ。カエルくんもウサギさんも好きだったでしょう」と言いました。ウサギさんとクマくんが準備をしている間、カエルくんは何も言いません。「ぼくは自分が食べるものしか持ってきていない…」とカエルくんは思っていたのです。カエルくんの心は曇り、雨が降り出しそうでした。ウサギさんとクマくんはカエルくんが元気でなくなったことに気付き、2人は「カエルくんが天気予報を見てくれていて助かったよ。雨が降っても、カエルくんの傘があるから安心だね」と言いました。「それにカエルくんがピクニックに誘ってくれなかったら、こんなに楽しくなれなかったよ」とウサギさんが言いました。「誘ってくれてありがとう。カエルくん」とクマくんが言いました。2人がそう言ったのでカエルくんの心は今日の天気と同じように晴れ晴れしました。「ウサギさん、クマくん、お弁当を食べる準備をしてくれてありがとう。食べたら、花の冠を2人にプレゼントするよ」とカエルくんが言いました。3人はそれぞれのお弁当の食べものを交換しながら、仲良くお昼ごはんを食べました。その周りでは満開のコスモスが風に揺れています。

①このお話に出てこない動物に○をつけてください。
②天気予報ではピクニックに行く日の天気予報ではどうでしたか。選んで○をつけてください。
③このお話の季節と同じ季節の絵を選んで○をつけてください。
④カエルくんの「心の天気」はどのように変わったでしょうか。正しいものを選んで○をつけてください。
⑤カエルくん、ウサギさん、クマくんがそれぞれ持ってきた食べものとの正しい組み合わせを選んで○をつけてください。
⑥カエルくん、ウサギさん、クマさんがそれぞれみんなのために持ってきたものは何ですか。線で結んでください。

〈時間〉　①②30秒　③1分　④各30秒　⑤1分

〈解答〉　下図参照

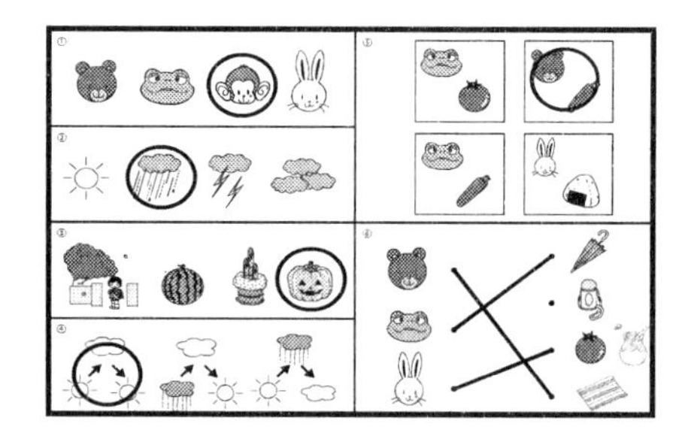

［2021年度出題］

学習のポイント

当校のお話の記憶の問題は、登場人物が少なくわかりやすいお話が多いので、記憶しやすいように思えるのですが、登場人物の心の動きや心情に関する質問があるので、お子さまによっては難しい問題と言えるかもしれません。対処としては「この時のカエルくんの気持ちは？」といった質問をお話の途中でしてみることです。そうすることでお子さまは登場人物の気持ちに注意しながらお話を聞くようになります。もちろん、基本はお話のポイントを「誰が」「いつ」「なにを」「どのように」といったことを整理しながら覚えていくことです。お話の流れを押さえ、登場人物の感情についても把握しておくことが当校では重要になってきます。

【おすすめ問題集】

1話5分の読み聞かせお話集①②、お話の記憶 初級編・中級編・上級編、
Ｊｒ・ウォッチャー19「お話の記憶」、34「季節」

問題31　分野：言語（言葉の音）

〈準　備〉　サインペン

〈問　題〉　1番上の段の左の四角を見てください。絵が描いてあり、その横にその絵を表す言葉の音だけ丸が書いてあります。そのうち、●だけをつなげてできる言葉は何ですか。右の四角から選んで○をつけてください。ほかの段も同じように答えてください。

〈時　間〉　各30秒

〈解　答〉　①○：キツネ　②○：サル　③○：時計（とけい）　④○：飛行機（ひこうき）

［2021年度出題］

学習のポイント

例年、ほぼ同様の問題が出題されています。「●」の言葉の音を並べて言葉を考え当てはまるものを選択肢の絵から探す、という問題です。言葉が音の組み合わせであるということはお子さまは理解しているはずですから、落ち着いて考えれば答えはすぐにわかるはずです。言葉が1音ずつの組み合わせであるという意識がないお子さまには「リンゴは「り」「ん」「ご」と1音ずつ区切って発音してみせ、お子さまにも同じように発音させてみましょう。なお、●の位置を勘違いすると違う選択肢が正解のように見えます。注意してください。

【おすすめ問題集】

Ｊｒ・ウォッチャー17「言葉の音遊び」、18「いろいろな言葉」、
60「言葉の音（おん）」

問題32　分野：制作

〈準備〉　クレヨン（12色）、ハサミ、のり、水色の折り紙（１枚）、紙皿（1枚）
※あらじめ問題32の絵を塗っておく。

〈問題〉　（問題32の絵と材料・道具を渡して）
これから制作のテストを始めます。お手本を見て、その通りになるように考えながら作ってください。途中で「あと５分です」と何度か残り時間を言います。

〈時間〉　12分

〈解答〉　省略

［2021年度出題］

学習のポイント

当校の制作問題の特徴は具体的な手順の指示がないことです。見本を見て、自分で考えて作ります。あまり他校では見ない形ですので、こうした作業の経験のないお子さまには経験させておいてください。「段取り」を考える練習にもなります。この問題の場合は①紙皿を２つ折りにして不要部分を切る、②折り紙を見本の形に切る、③○の描いてある紙に目玉を描き、黒く塗ってから切り抜く。④①～③で作ったものを見本通りに貼り付ける。といった形でしょうか。時間は長めに取ってありますが、作業に慣れていないと意外と忙しいかもしれません。神経質になる必要はありませんが、「切る・貼る・塗る」といった作業はふつうに行えるようになっておいてください。

【おすすめ問題集】
実践 ゆびさきトレーニング①②③、Ｊｒ・ウォッチャー23「切る・貼る・塗る」

問題33　分野：推理（ブラックボックス

〈準備〉　鉛筆

〈問題〉　左の四角の絵が矢印の向こうへ動くと白いところが黒に、黒いところが白くなります。それぞれの段の右の四角から、正しいものを選んで○をつけてください。

〈時間〉　各20秒

〈解答〉　①○右端　②○左端

［2020年度出題］

学習のポイント

あまり見かけない問題ですが、「～を通ると～のように変わる」という形なのでブラックボックスの問題ととらえてもよいでしょう。多くのブラックボックスは、「トンネルを通過すると○が○○になる」や、あるものの数が多くなる、あるいは少くなるといった数の増減を法則にしたものが多いのですが、ここでは色の反転を法則にしています。ただ、色の反転と言っても「白→黒」「黒→白」という単純かつ目にも明らかなものなので、注意していれば間違えることはありません。ケアレスミスをしないように１度に判断するのではなく、絵を分割して、部分ごとに照合しましょう。①なら、上段の「□」を見て選択肢で該当する四角が「■」なっているかを確かめ、そうなっているなら、となりの「○」が「●」なっているのを確かめる…といった手順を繰り返すわけです。最後まで確認して間違いがなければそれが正解ですし、１ヶ所でも違えばその選択肢はもう照合しなくてよい、ということになります。テンポよく行ないましょう。

【おすすめ問題集】
Ｊｒ・ウォッチャー31「推理思考」、32「ブラックボックス」

問題34　分野：数量（数の構成）

〈準備〉　鉛筆（赤）

〈問題〉　上の段を見てください。左の四角にあるサイコロの目の数を合わせると「５」になります。これと同じ数になるように、右の四角から２枚以上のカードを選んで○をつけてください。真ん中の段、下の段も同じように答えてください。

〈時間〉　30秒

〈解答〉　①○：左端と右端　②○：左から２番目と右から２番目
③○：左から２番目と３番目と右端

［2020年度出題］

学習のポイント

「数に対する感覚」のあるなしを観点にした問題です。数に対する感覚とは、１～10までの数のものの集合ならそれがいくつあるかがわかったり（「リンゴが４個ある」）、２つの集合があればどちらが多いかがわかる（「カゴに入っているリンゴの方が多い」）、という感覚のことを言います。ただし、この感覚は特別なものではなく、小学校受験をする年頃のお子さまでも自然と身に付いていることも多いものです。買いものをしたり、お菓子を配っていれば、無意識に行っていることだからです。この問題は「数の構成」ということで、２つの集合を合わせるといくつになるかを聞いていますが、「数に対する感覚」があれば、指折り数えたり、印を付けることなく直感で答えがわかります。そのレベルを目指して学習に取り組んでください。

【おすすめ問題集】
Ｊｒ・ウォッチャー38「たし算・ひき算1」、39「たし算・ひき算2」、
41「数の構成」

問題35　分野：数量（１対多の対応）

〈準備〉　鉛筆

〈問題〉　**この問題の絵は縦に使ってください。**
１番上の四角にハンバーガー、ポテト、ジュース、牛乳が描いてあります。これを使って「ハンバーガー、ポテト、ジュース」のセットを作ります。いくつ作れますか。その数だけ、下の四角に○を書いてください。

〈時間〉　30秒

〈解答〉　○６

［2020年度出題］

学習のポイント

「（セットを作る品物ではハンバーガーの個数が最も少ないから）ハンバーガーの個数と作成可能なセットの数は同じ」ということがわかればすぐに答えが出ます。ただし、この発想ができなくてもダメではありません。答えは同じですから、いちいち食べものの数を数え、そこからいくつセットができるかを考えてもよいのです。ただ、こういった問題をいくつか解けば、より効率よく答えが出る考え方を発見してほしいところです。そうでなければ、効率のよい学習とは言えないでしょう。なお、この問題には「セットを○で囲む」というハウツーがありますが、それだけを覚えてもあまり意味はありません。いくつかの種類のものをわけて数える、その上で「セット」がいくつできるかを考えるという思考ができるか、というのがこの問題の観点です。ハウツーを使った答案を見れば、考えていないことがバレて減点される可能性もあります。

【おすすめ問題集】
　Ｊｒ・ウォッチャー42「一対多の対応」、57「置き換え」

問題36　分野：図形（回転図形

〈準備〉　鉛筆

〈問題〉　それぞれの段の左の絵を、矢印の数だけ右に倒すとどうなりますか。右の３つの中から選んで○をつけてください。

〈時間〉　１分

〈解答〉　①真ん中　②真ん中

［2020年度出題］

学習のポイント

頭の中で図形を移動させたり、回転・反転させたりするには、ある程度の経験が必要です。ただし、経験と言っても、こうした問題を解くことではなく、パズルやタングラム、積み木などの遊びを通じてのものでかまいません。ストレスのかからない形が１番です。家庭での学習で問題を解いた時に心がけたいのは「移動（回転・反転）させたらこうなる」と、お子さまに目で確認させることです。問題を解くのなら、ハサミを用意しておき、具体的な結果をお子さまに見せましょう。そうすれば、お子さまの経験は実感のあるものになり、やがて図形を操作できる段階まで到達できるでしょう。なお、本問のように図形を回転させる問題では、図形の特徴（角や色の違う部分）に注目し、それがどこに移動するのかを考え、矛盾のないものを選ぶ、という解き方もありますが、それも図形の操作ができてこその話です。段階を踏んで学習を進めていきましょう。

【おすすめ問題集】

Ｊｒ・ウォッチャー46「回転図形」

問題37　分野：記憶（お話の記憶）

〈準備〉　鉛筆

〈問題〉　**この問題の絵は縦に使ってください。**

これからお話をしますから、よく聞いて後の質問に答えてください。
ゆめこちゃんは保育園でお泊りする、「お泊り保育」をずっと楽しみにしていました。仲のよいお友だちと朝までずっといっしょにいられるなんてワクワクします。お泊り保育の前の日、お母さんが言いました。「ゆめこ、お泊り保育の準備をいっしょにしようね」「やったー！『なんでも自分でできるようにしておいてください』と保育園の先生も言ってたよ」「そうね。自分で何がどこにあるのか探せるようにしておきましょうね。リュックサックの１番大きなポケットには、下着と体操着、それから水筒とタオルも入れておきましょう。左の小さなポケットにはティッシュとハンカチを入れますよ」「お風呂に入る時には、大きなポケットから服とタオルを出せばいいんだね」「そうよ。お風呂から出た時着るのは体操着だからね」「わかった」「右の小さなポケットにはビニール袋と歯ブラシも入れておくね」「はーい。これで終わり？」「幼稚園に着ていく洋服を準備して終わり。帽子とスモックを忘れずにね」「できた」お泊り保育の日になって、ゆめこちゃんはお母さんに連れられて、ニコニコしながら保育園に行きました。お友だちのたかしくんに途中で会いました。たかしくんもニコニコしていました。次にりえちゃんに会いましたが、りえちゃんは泣いていました。はじめくんに会いましたが、はじめくんは涙目でした。りえちゃんもはじめくんもお母さんと別れる時、大泣きしていました。りえちゃんのお母さんはゆめこちゃんに「りえは家族と離れて泊まるのがはじめてだから、よろしくね」と言って、りえちゃんの方を振り向きながら帰りました。はじめくんは、お母さんと弟に「お兄ちゃんがんばってね」と励まされていました。先生が「さあ、みんな揃いました。今日はみんなで夕ご飯にカレーを作りますよ」と言いました。「わーい」「まずはじめに野菜の皮を剥きます。ジャガイモとニンジンはピーラーで、タマネギは手で剥きましょう。次に野菜を切ります。包丁やピーラーはあぶないから、先生たちといっしょに使いましょう」先生たちが野菜を切り終えると、お鍋にお肉を入れて、炒めます。野菜をグツグツ煮て、火が通ったら、最後にカレールーを入れて完成です。ルーを入れるとカレーのよいにおいがして、ゆめこちゃんたちはお腹がグーグーと鳴りました。「カレーができあがりましたよ」先生がみんなを集めて「いただきます」と言いました。おいしいおいしいカレーでした。みんなでお風呂屋さんに行ってお風呂に入った後、体操着に着替えて眠ります。りえちゃんとはじめくんはまた涙が出そうでしたが、たかしくんとゆめこちゃんが一生懸命２人を笑わせたので、みんなで楽しいお泊り保育になりました。翌朝、みんなのお母さんが迎えに来ました。みんな笑顔で帰りました。

①ゆめこちゃんたちが夕食に作ったものはどれですか。○をつけてください。
②ゆめこちゃんたちがお風呂に入ったあと着るものはどれですか。○をつけてください。
③ゆめこちゃんがお泊り保育に持っていったものはどれですか。○を４つつけてください。
④このお話を聞いていた３匹の動物が話をしています。話が正しい時には○を、間違っている時には×をその動物につけてください。まずはライオンです。「おうちの人といっしょじゃないから、りえちゃんもはじめくんも泣いちゃった」次にカバが言いました。「夢子ちゃんは『２人が泣いている』って、大きな声で先生に言ったんだよ」最後にブタが言いました「りえちゃんとはじめくんが泣いちゃったけど、みんなで楽しく過ごせるように、ゆめこちゃんとたかしくんは一生懸命２人のことを励ましたんだよ」
⑤カレーを作った順番で正しいものを選んで○をつけてください。

〈時間〉　①②30秒　③１分　④各30秒　⑤１分

〈解答〉　①左から２番目（カレー）　②右端（体操服）　③○：タオル、ティッシュ、歯ブラシ、水筒　④ライオン：○　カバ：×　ブタ：○　⑤○：１番上

［2020年度出題］

学習のポイント

お話の記憶の問題としては比較的長文です。こうした問題は「『誰が』『何を』『～した』といったお話のポイントをおさえる」「お話の場面を想像しながら聞く」といった基本が守れていないと、スムーズに答えるのが難しくなります。お話を丸暗記するわけにはいきませんから、１枚の絵のように場面を思い浮かべるようにお話の場面をイメージしてみましょう。慣れてくると、登場人物の服装や持ち物も含めて、その場面のイメージができます。例えば、「赤い帽子を被り、黄色いリュックサックを背負った女の子」といったイメージです。最終的にはセリフや動きもイメージしましょう。イメージができれば、情報が自然に整理されるので記憶にも残りやすくなるのです。「うちの子は記憶力が足りないからこういった問題は苦手」という話を保護者の方からよく聞きますが、記憶力そのものを鍛えようとしてもなかなか結果は出ません。むしろ、お子さまにあった記憶しやすい方法を考え、その練習を重ねさせると早く成果が出るものです。

【おすすめ問題集】

１話５分の読み聞かせお話集①・②、１話７分の読み聞かせお話集 入試実践編①
お話の記憶 初級編・中級編・上級編、Ｊｒ・ウォッチャー19「お話の記憶」

問題38 分野：言語（文字・数字）

〈準備〉 鉛筆

〈問題〉 絵のカードと、言葉のカードがあります。絵のカードにあう言葉のカードを選んで、線でつないでください。

〈時間〉 各20秒

〈解答〉 下図参照

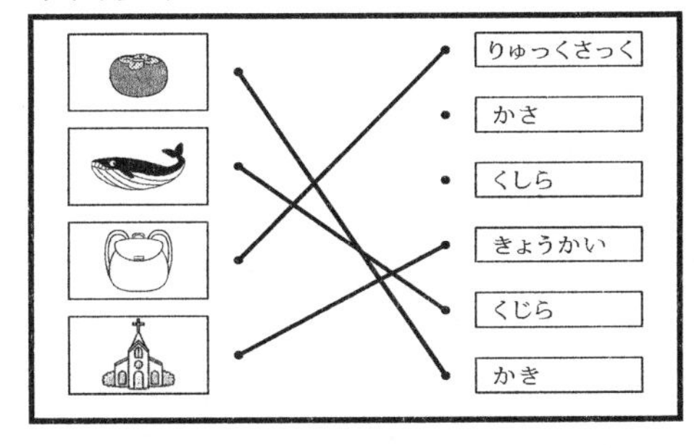

［2020年度出題］

学習のポイント

試験の冒頭に解答用紙に名前を書きますが、この問題にもひらがなが登場します。この問題は少なくともひらがなが読めないと答えに困ります。「自分の名前をひらがなで書く」「ひらがなが読める」という２つの能力は当校の入試に必要ということです。たいていのお子さまは日々くらしていくうちに、なんとなくひらがなの読み方を知っていくものですが、不安があるようなら確認しておいてください。ただし、どんな学習でもそうですがあまり先走らないように。カタカナ、漢字、アルファベットなどは下手に覚えると、「知っているから」などと言って入学してからの授業に身が入らなくなる原因になるそうです。当校は国語・英語教育に力を入れている学校ですから、きちんとしたカリキュラムが用意されています。そこから学んだ方が系統だった知識を得られるでしょう。

【おすすめ問題集】

Ｊｒ・ウォッチャー26「文字・数字」

問題39　分野：言語・常識（言葉）

〈準備〉　サインペン

〈問題〉　１番上の段の左の四角を見てください。絵が描いてあり、その横にその絵を表す言葉の音だけ丸が書いてあります。そのうち、●だけをつなげてできる言葉は何ですか。右の四角から選んで○をつけてください。ほかの段も同じように答えてください。

〈時間〉　各30秒

〈解答〉　①○キツネ　②○カイ　③○トンボ　④○飛行機（ひこうき）

［2020年度出題］

学習のポイント

言葉の音に関する出題ですが、内容は難しいものではありません。解き方は、「●」の言葉の音を並べて言葉を考え当てはまるものを選択肢から探す、という単純なものです。②の場合、●の音（「い」と「か」）から考えられる言葉は「いか」「かい」の２つですが、選択肢には「かい」しかないので「かい」を選ぶということになります。日本語は同音異義語が多い言語ですから、こういったケースもあるでしょう。また、①のように「き」「ね」「つ」と、音がランダムに並んでいて言葉が思いつかないというのなら、語彙がないというよりは、言葉を声に出す機会が少ないのかもしれません。話す機会が少ないとどうしても「音」に関する知識が不足します。文字を使わない言語の学習には実際に人と話すこと、話を聞くことが貴重な経験になります。保護者の方はお子さまにそういった経験の機会を設けるようにしましょう。

【おすすめ問題集】

Ｊｒ・ウォッチャー17「言葉の音遊び」、18「いろいろな言葉」、60「言葉の音（おん）」

問題40 分野：保護者アンケート

〈準 備〉 筆記用具

〈問 題〉 **この問題の絵はありません。**
（アンケートは志願者の考査中に実施される）
①ご両親の職業と学歴。
②本校の特徴を５つ挙げてください。
③本校を含め、志望校を３校挙げてください。

〈時 間〉 20分

〈解 答〉 省略

［2020年度出題］

学習のポイント

保護者アンケートは、お子さまの考査中に15分で保護者が記入します。下書きは持ち込み不可です。すべてその場で答えられる質問ですが、上記の質問に対する回答については、あらかじめ考えおいた方が落ち着いて記入できるでしょう。具体的なことを聞く質問が多いので、取り繕って模範的な解答を書く必要はありません。知りたいのは「合格した場合に本当に入学するのか」という１点です。当校入学の意欲を見せれば評価されるでしょうし、滑り止めとして受けていると見られればそれなりの評価をされます。どちらにしろ、伝わらないと意味がありませんから、わかりやすい言葉を使って端的に書きましょう。美辞麗句を連ねたからといって、よい評価を受けるわけではありません。なお、②についてはあえて答えを書きませんが、受験をするなら知っておくべきことです。③については事実を書いておきましょう。嘘を書くと余計なトラブルの種になります。

【おすすめ問題集】
新 小学校受験 願書・アンケート・作文 文例集500

問題１－１

☆浦和ルーテル学院小学校

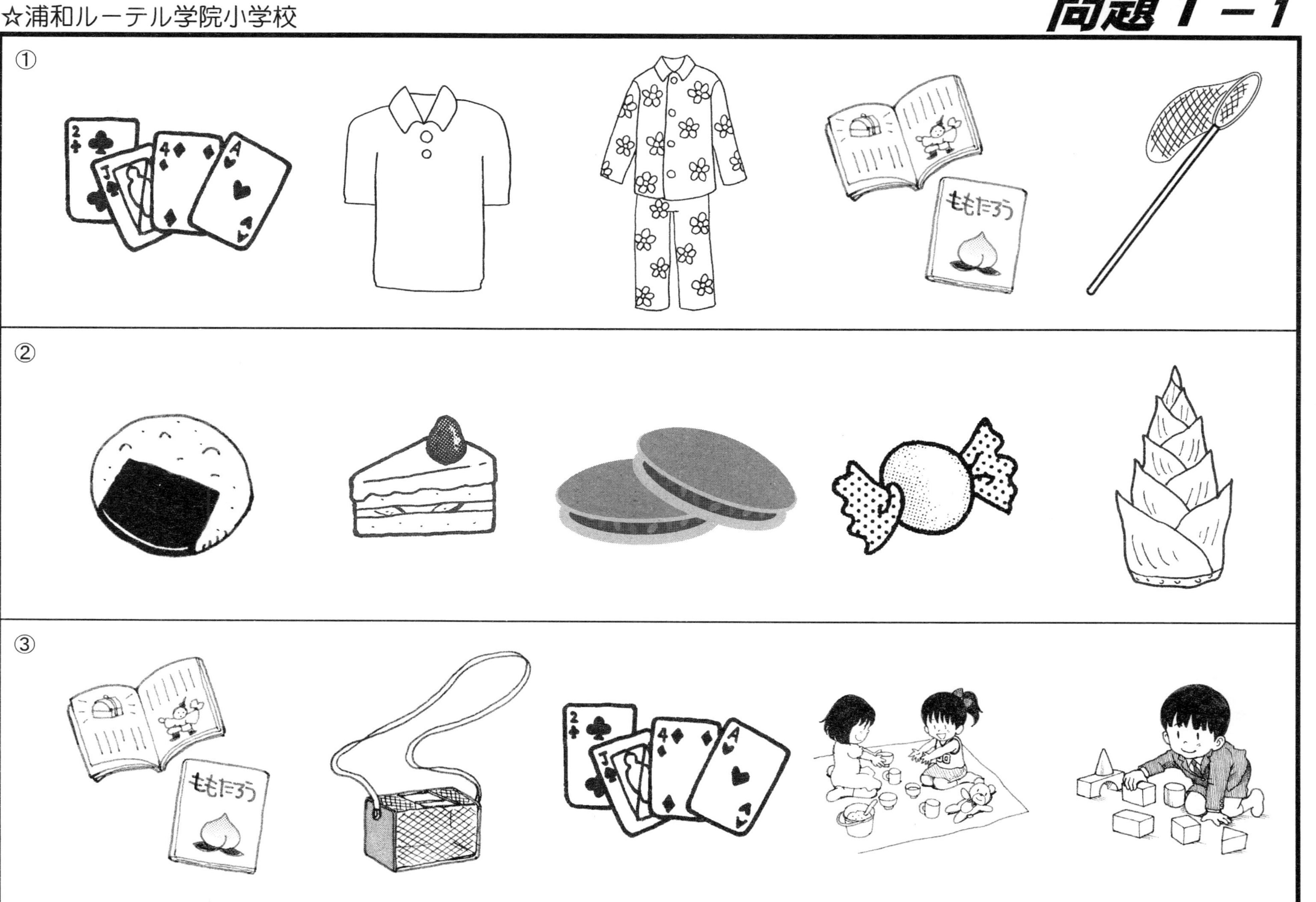

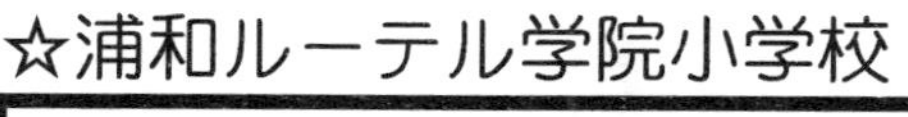

☆浦和ルーテル学院小学校

問題１－２

④

⑤

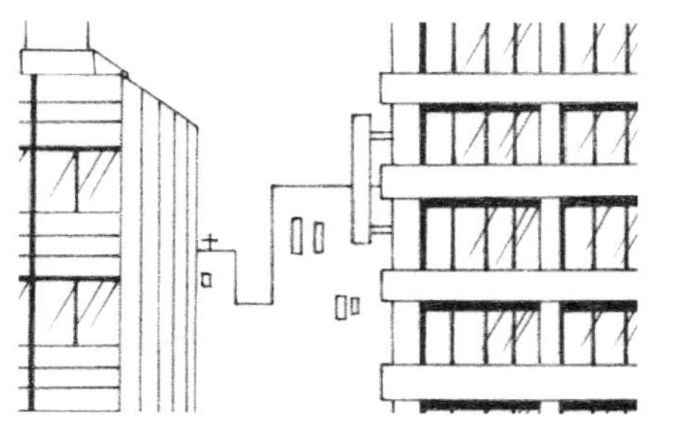
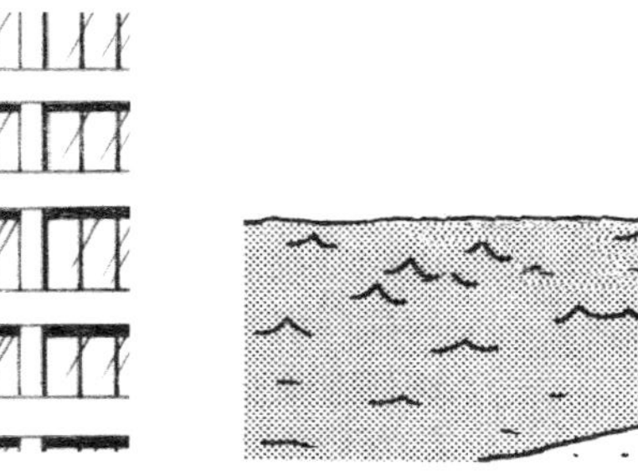
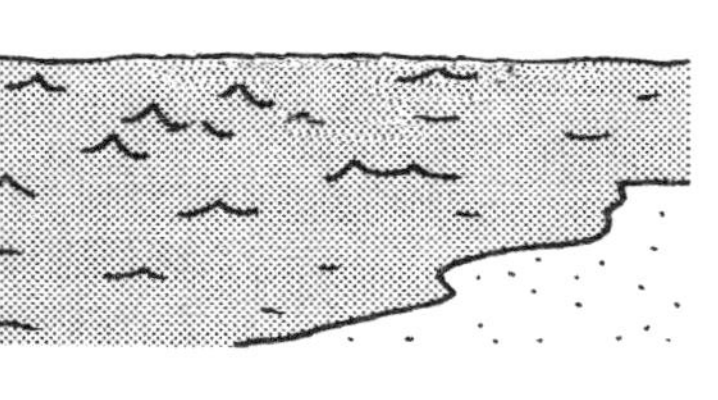
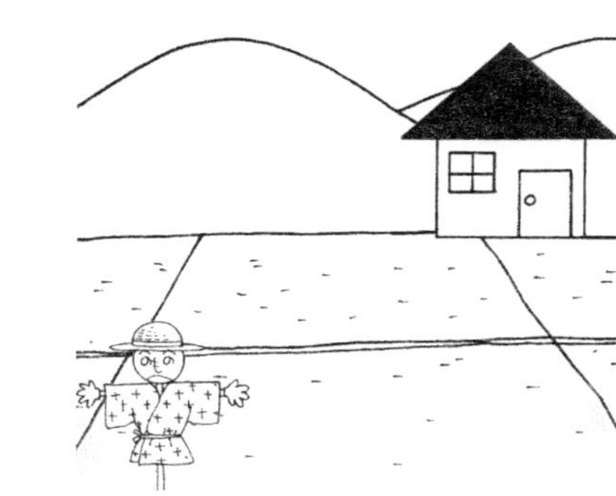

⑥

問題 2

①

②

③

問題3

番号		ことば	番号		ことば
①		こゆび	⑤		さら
		おやゆび			どんぶり
		くすりゆび			ちゃわん
②		いのしし	⑥		ぬいぐるみ
		くま			にんぎょう
		しか			いぬ
③		あじさい	⑦		さら
		すいせん			なべ
		あさがお			ふらいぱん
④		いぬ	⑧		さんだる
		きつね			ぞうり
		たぬき			すりっぱ

日本学習図書株式会社

問題4

①

②

問題6

①

②

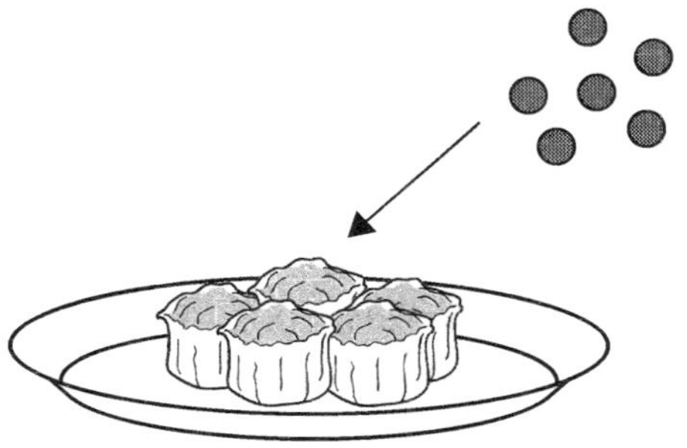

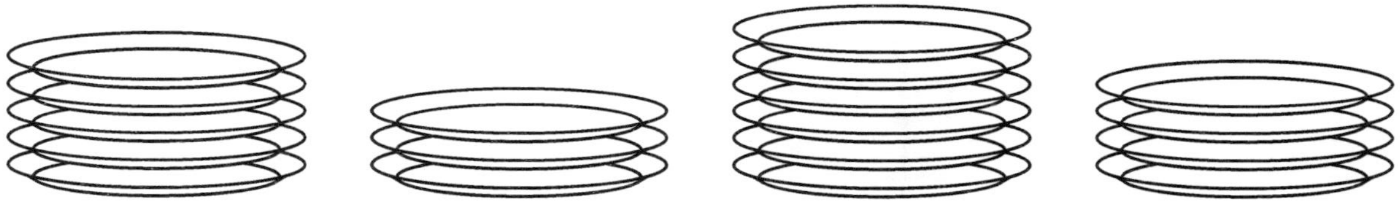

③

問題7

①

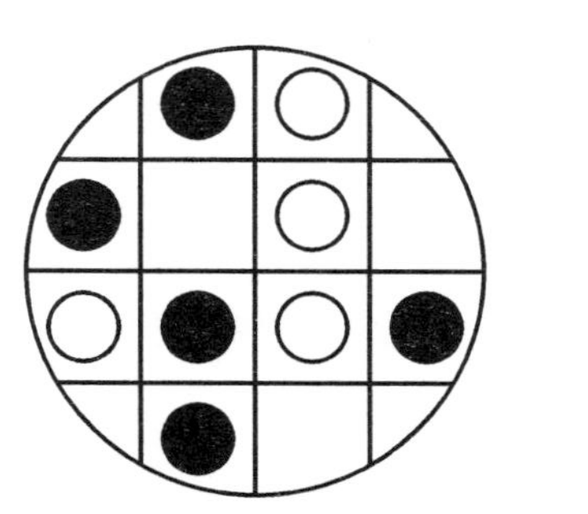
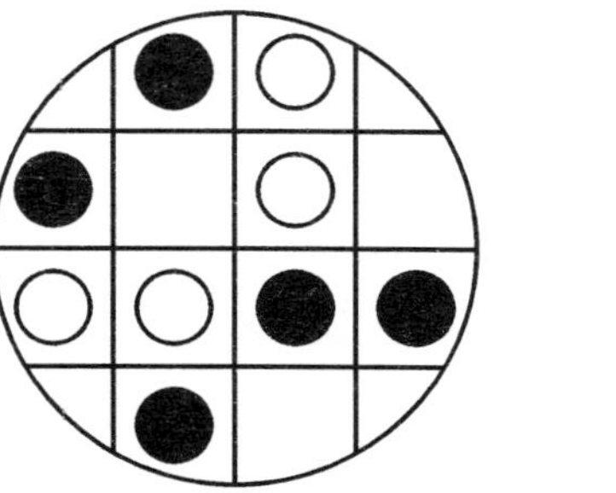
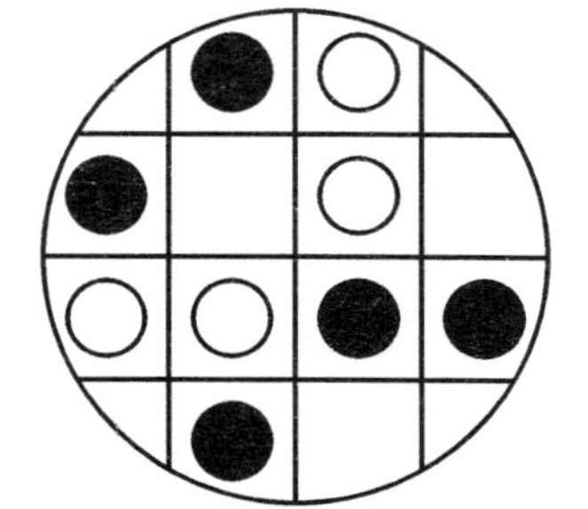
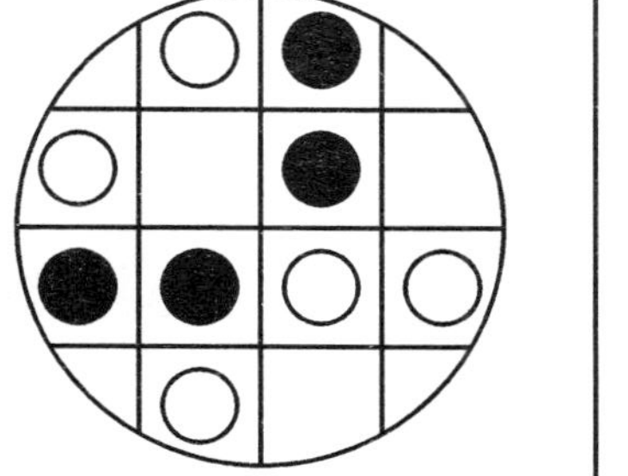

②

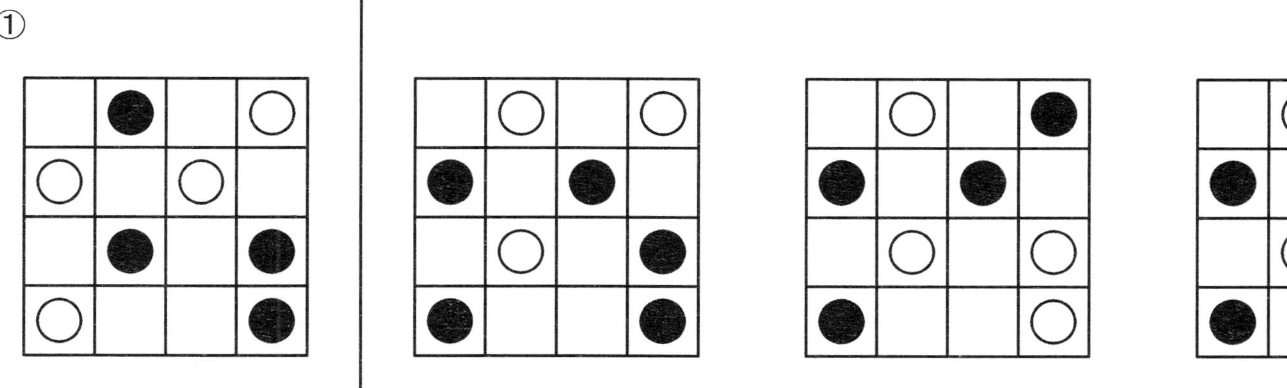
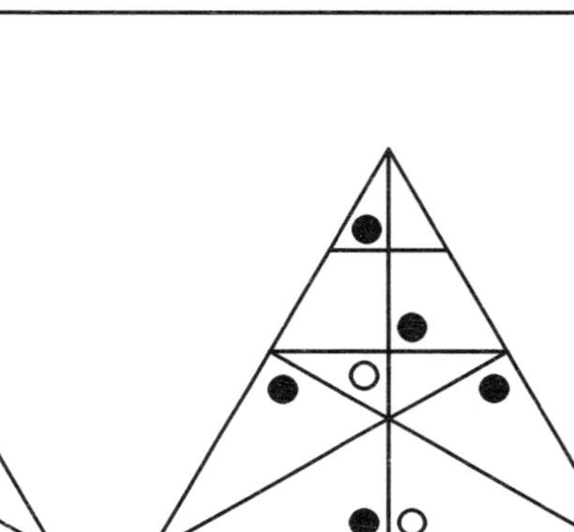
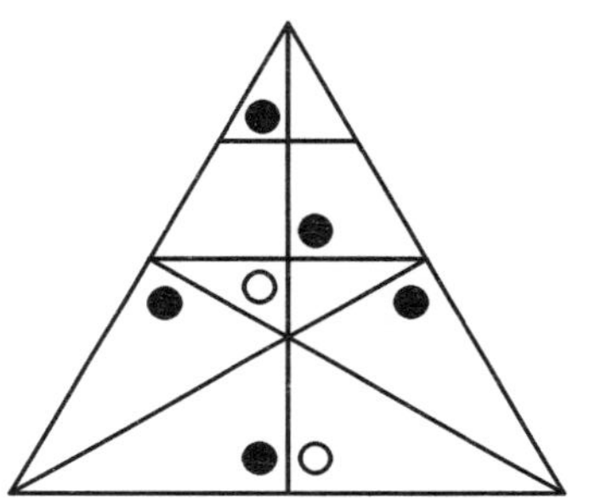
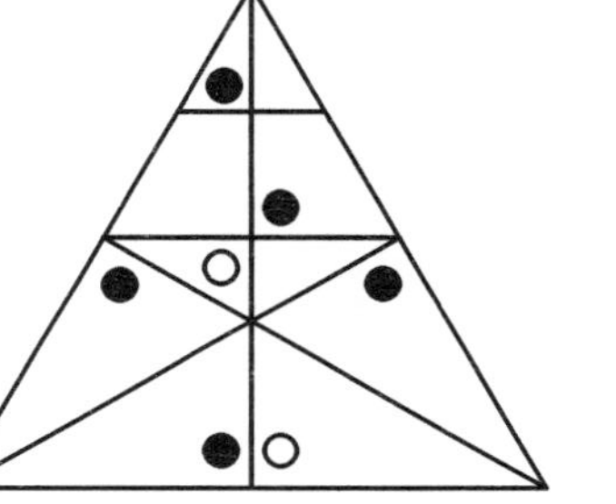

③

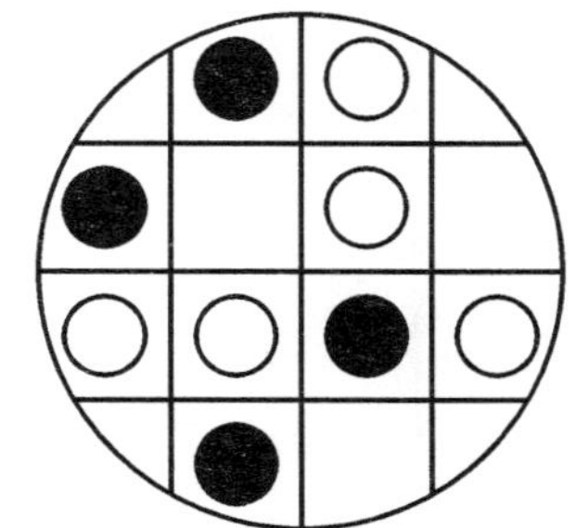
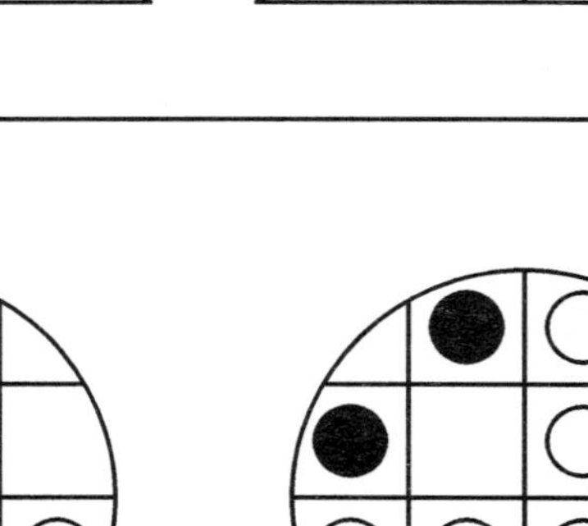

問題8

問題 9

日本学習図書株式会社

問題１０

✂

紐を穴に通して片結び
（反対側も同じように）

ビーズ

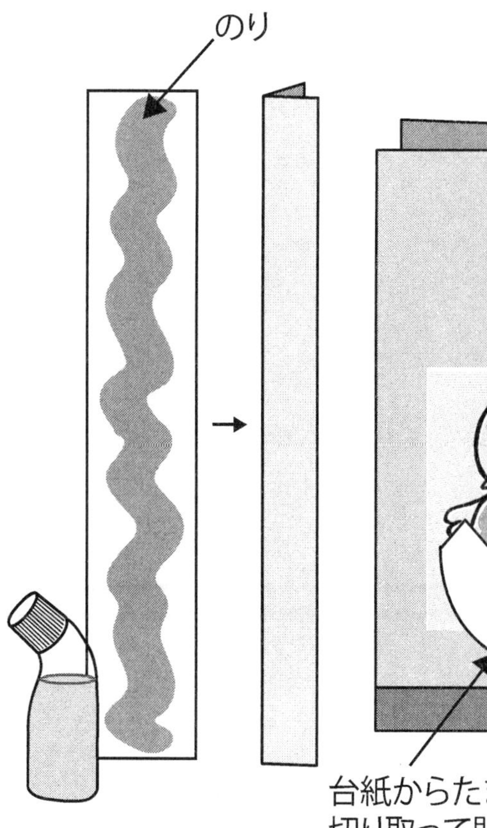

台紙からたまごの殻の絵を
切り取って貼る
割れたところにヒヨコの絵を描く

はみ出た部分は
ハサミで切る

☆浦和ルーテル学院小学校

問題１２

とんぼ

えんぴつ

さくら

うめ

ろば

うま

あめ

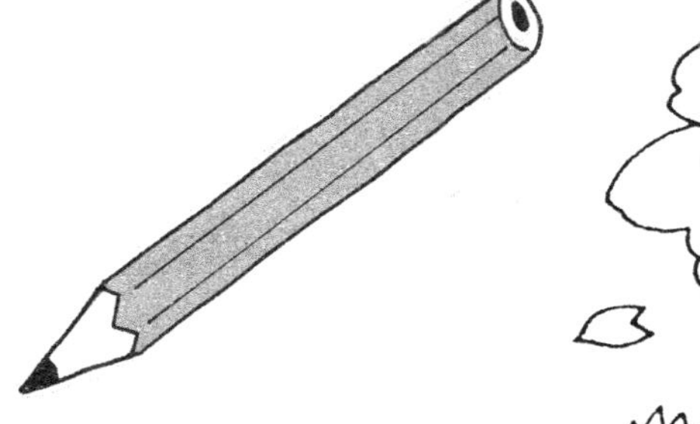

問題１３

やかん	きって	やま	りす

えんとつ	すいか	いるか

ちゅうりっぷ	とまと	まつぼっくり	とうもろこし

むかで	せみ	とのさま	さしみ

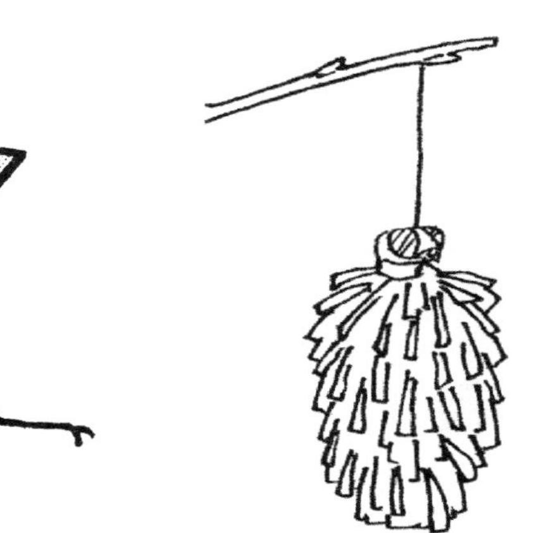

問題１４

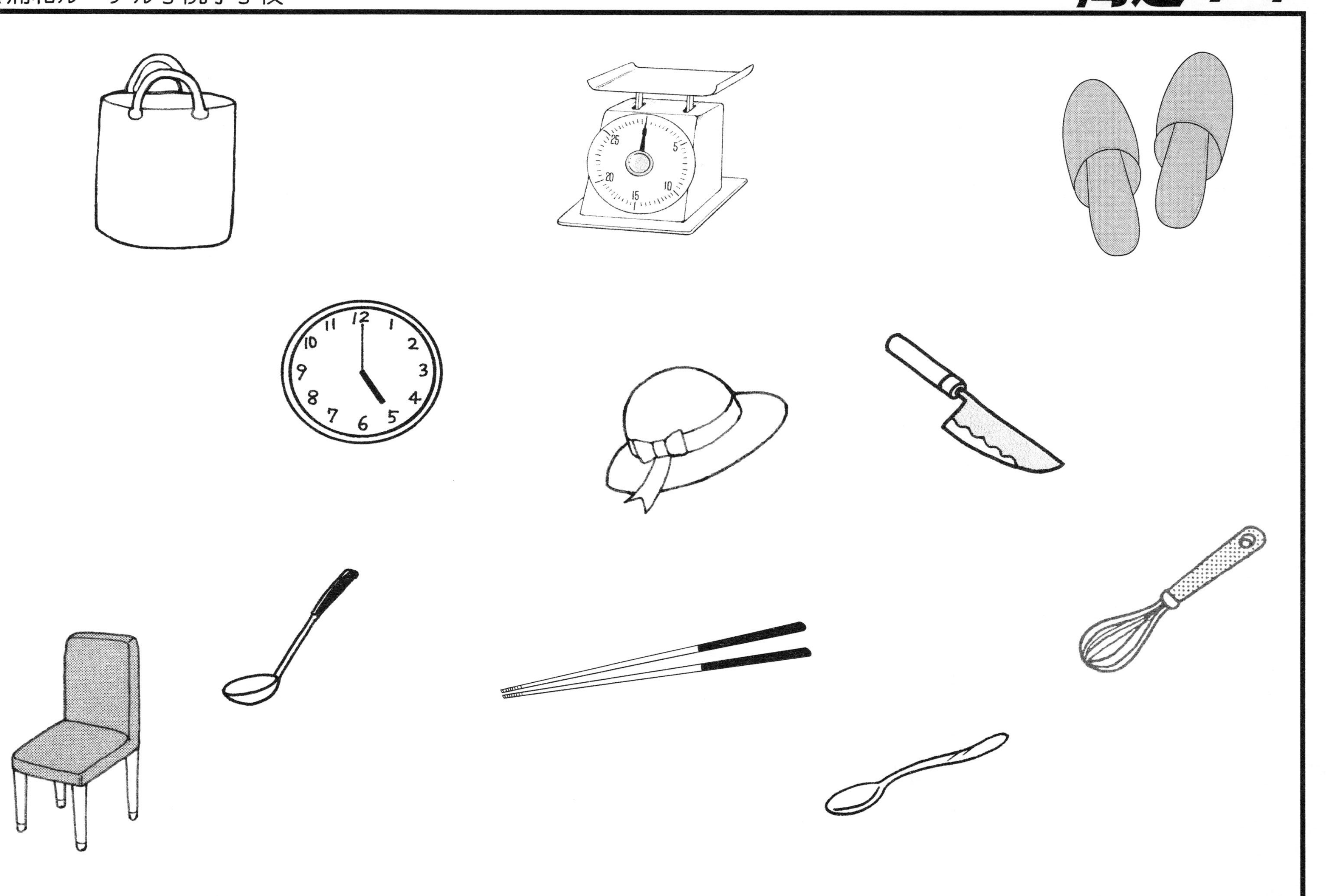

☆浦和ルーテル学院小学校

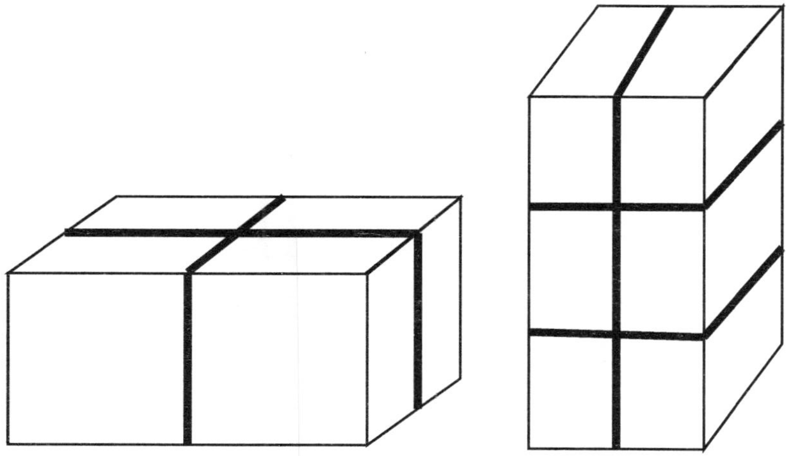

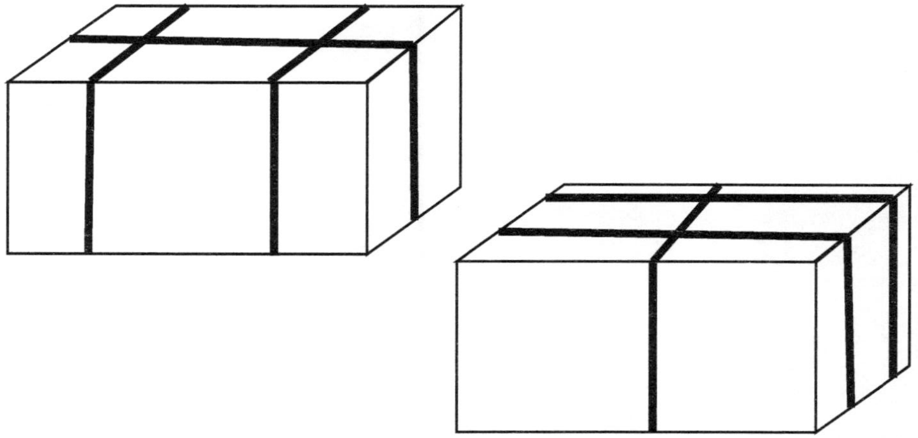

問題１５

①

②

☆浦和ルーテル学院小学校

問題16

問題17

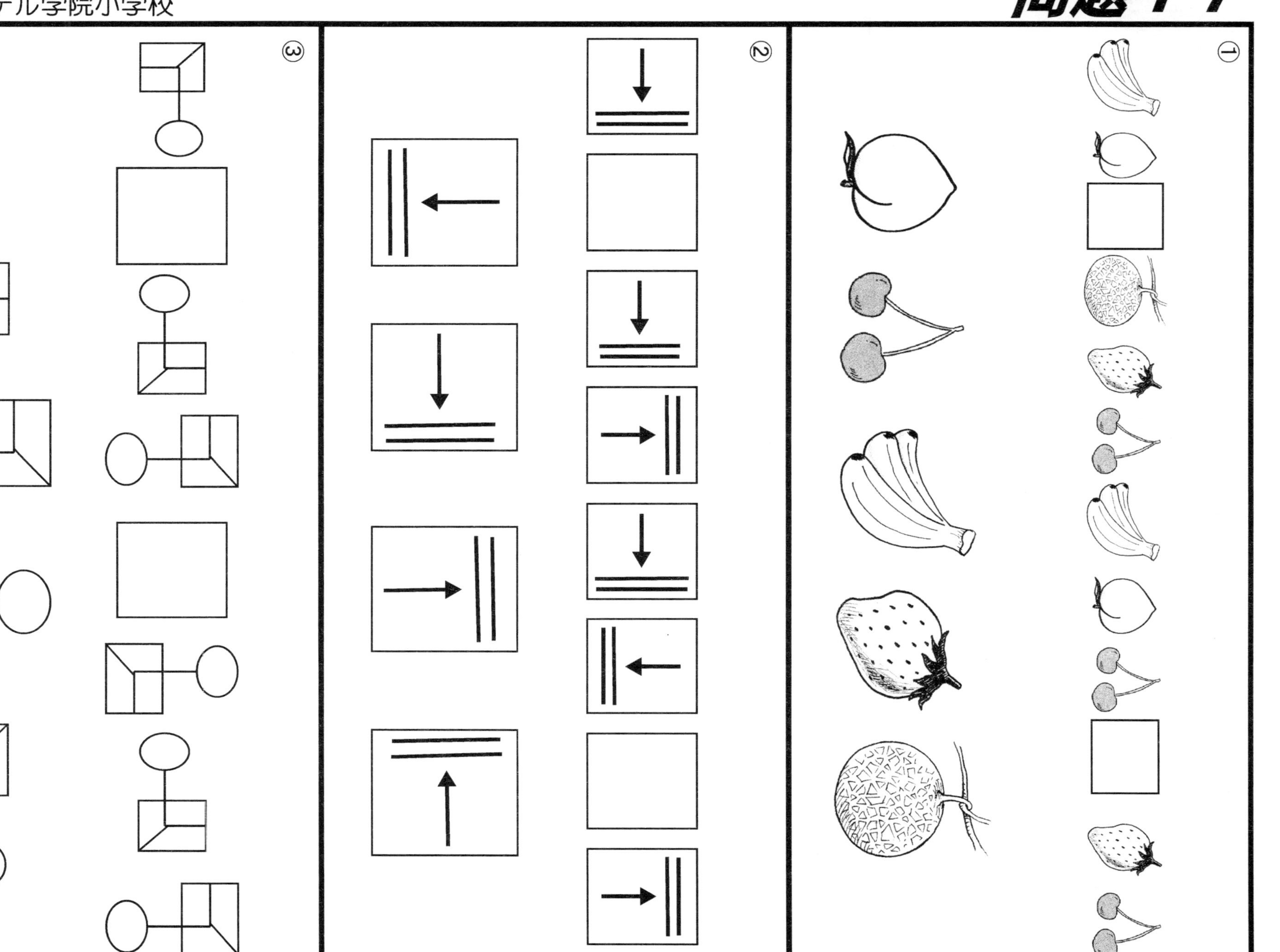

問題１８

問題19

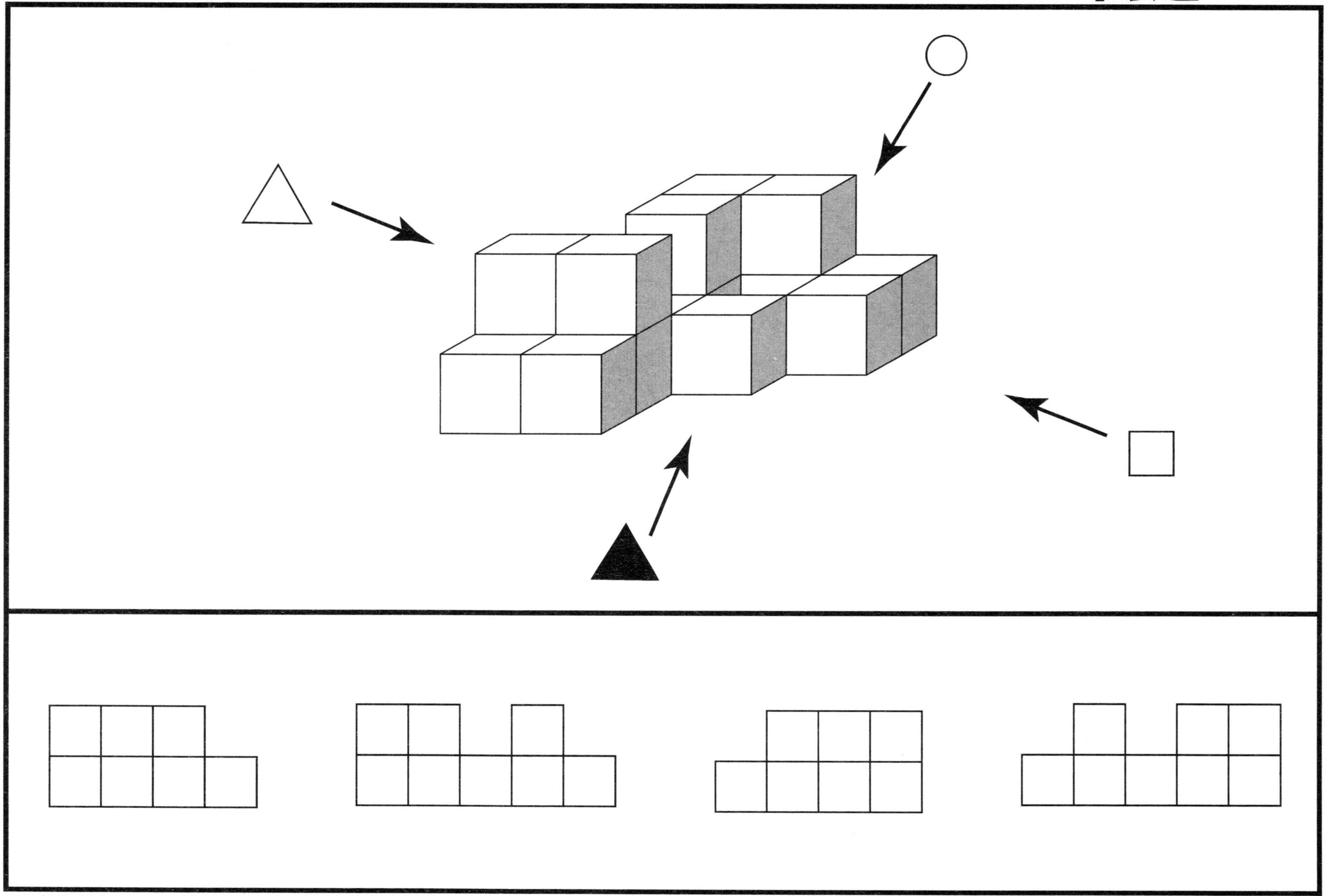

問題２０

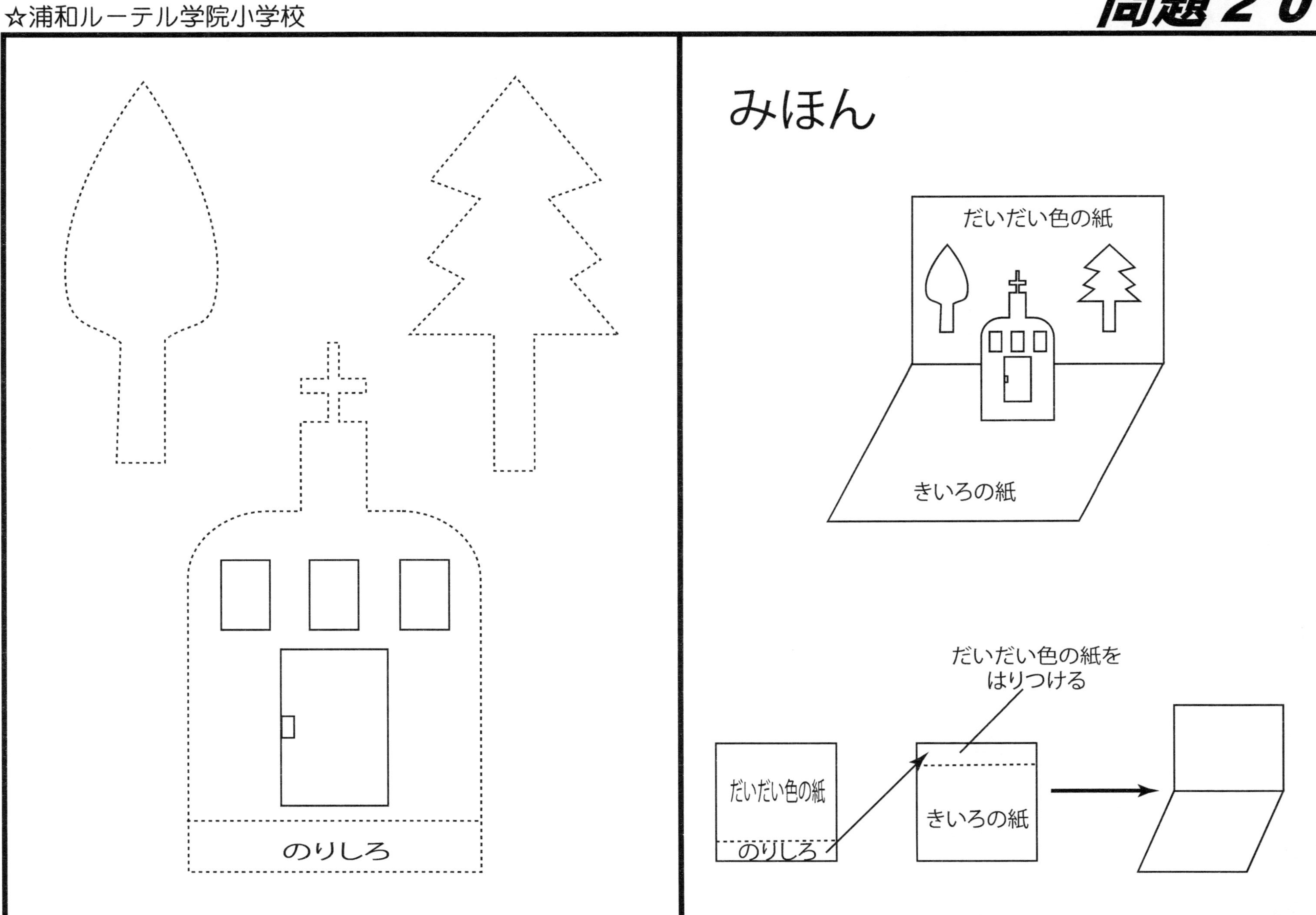

問題２１

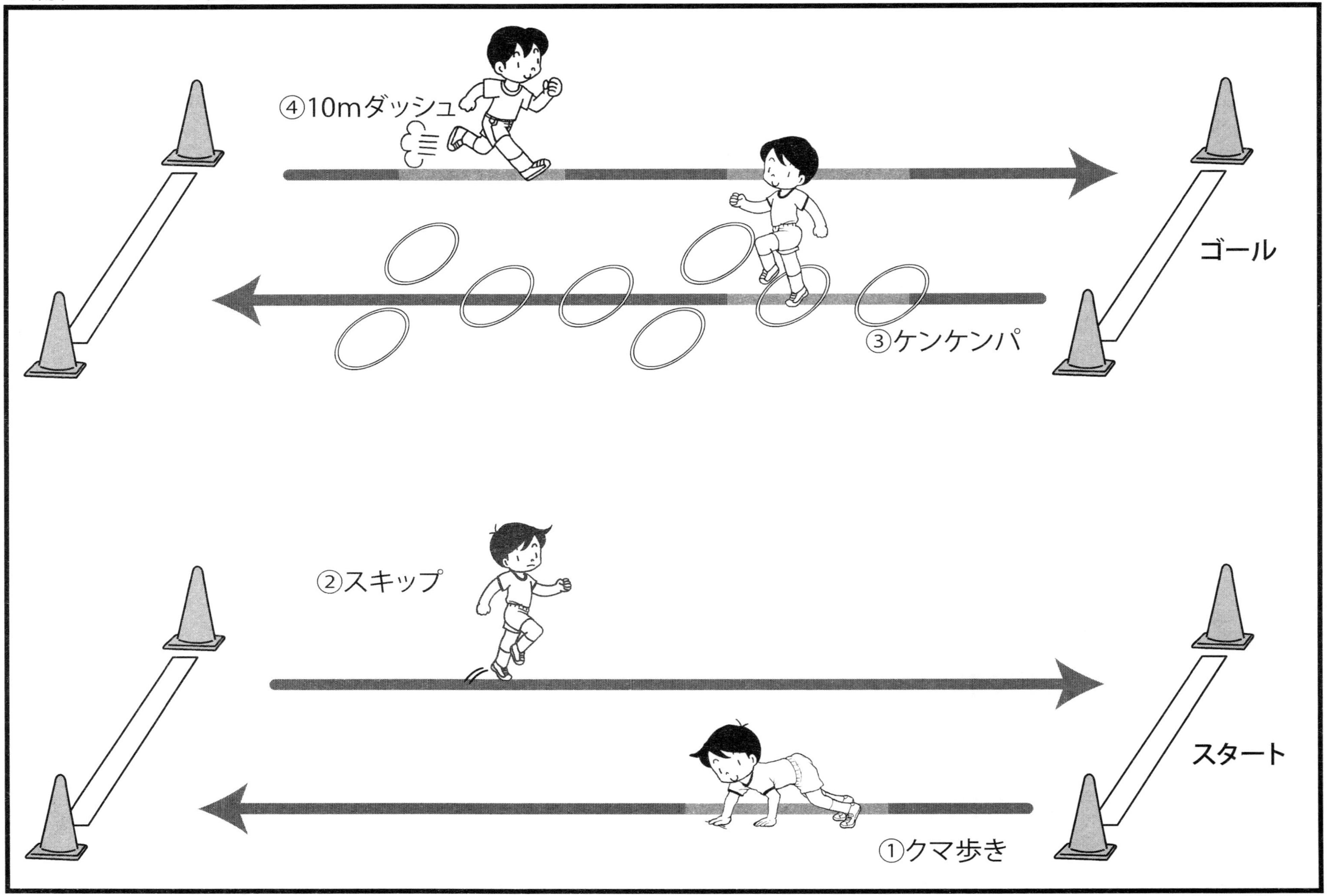

④10mダッシュ

ゴール

③ケンケンパ

②スキップ

スタート

①クマ歩き

問題２４

は

や	ま	だ	か	な	こ				

問題２５－１

①

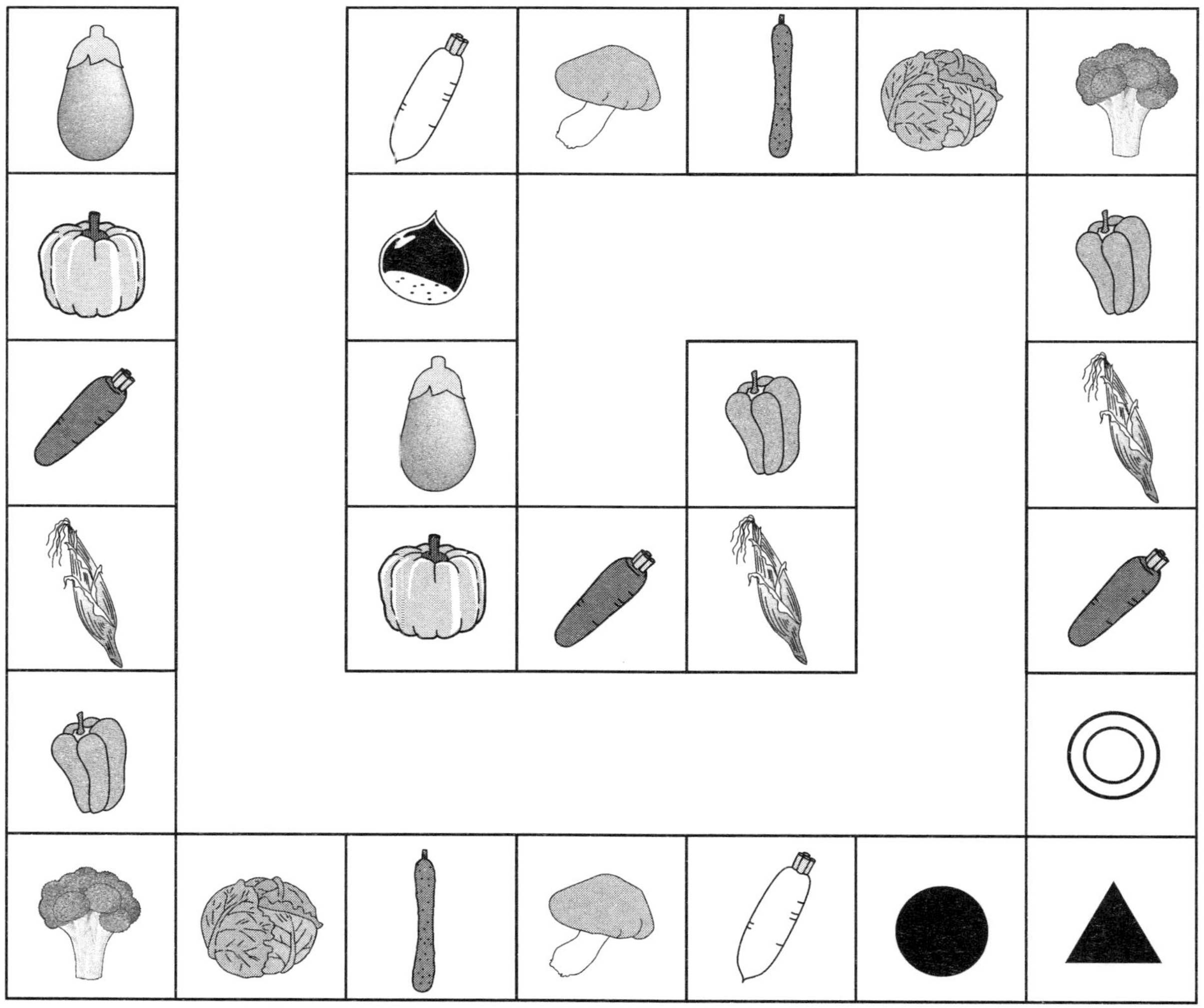

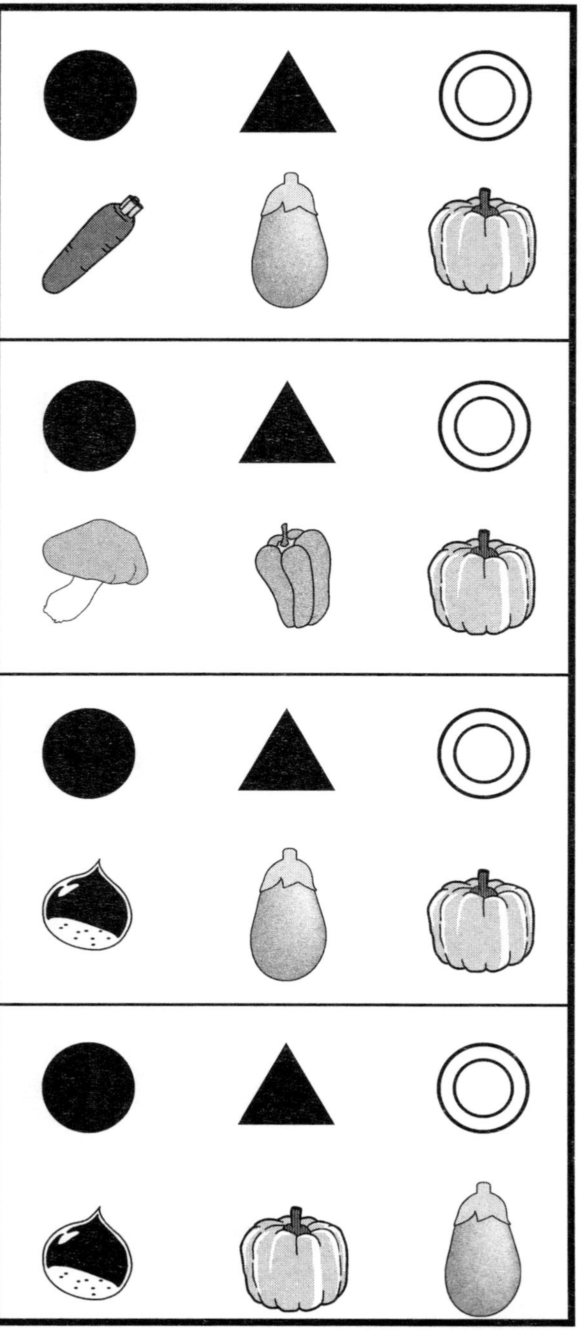

問題25－2

②

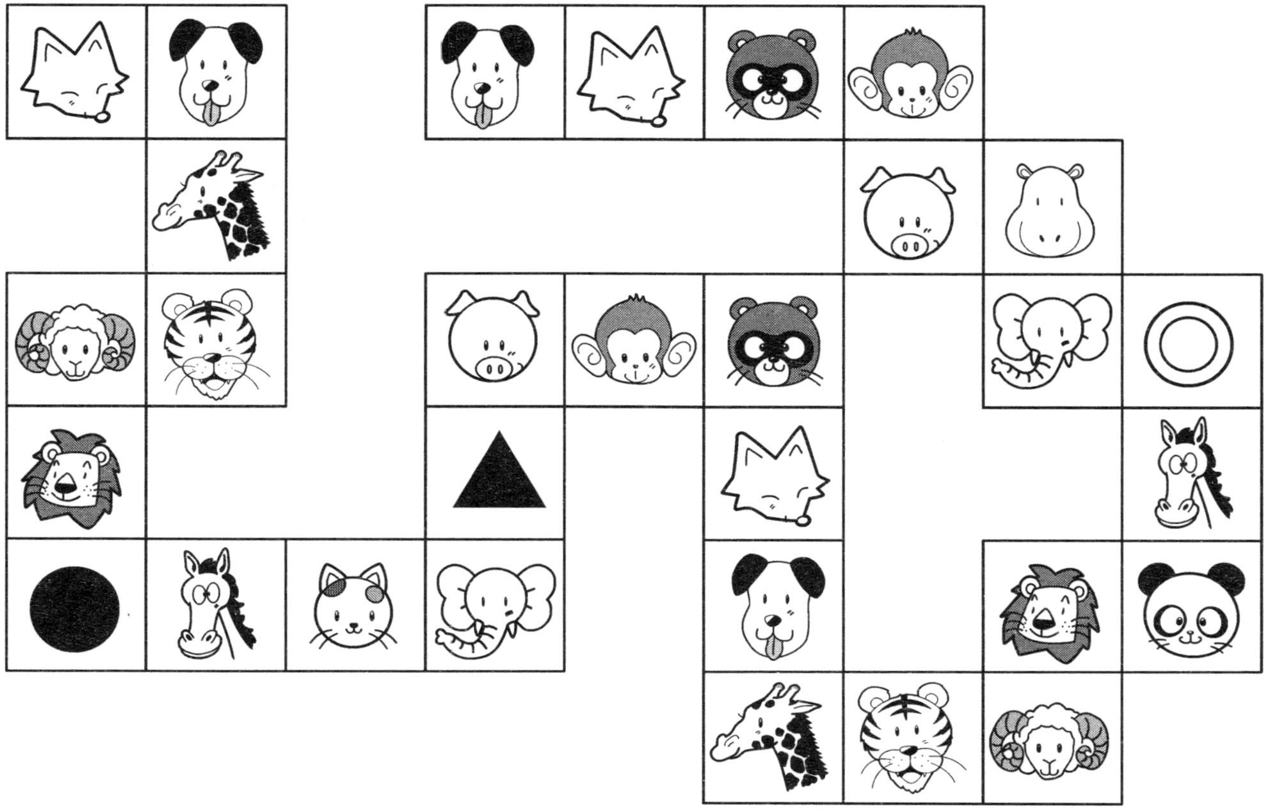

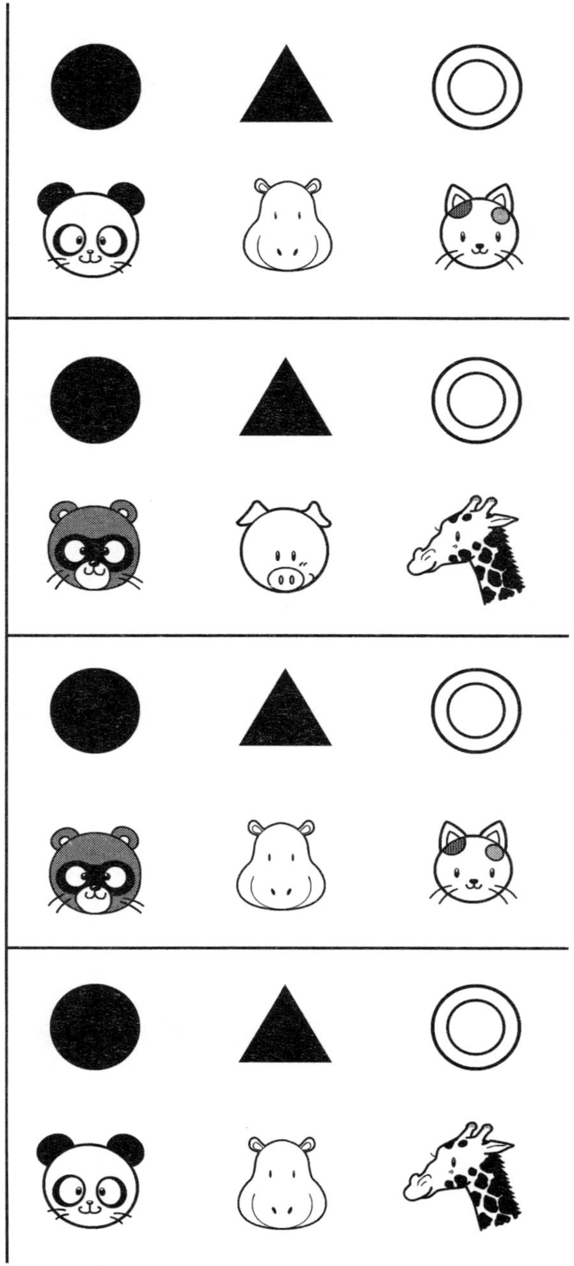

問題２６

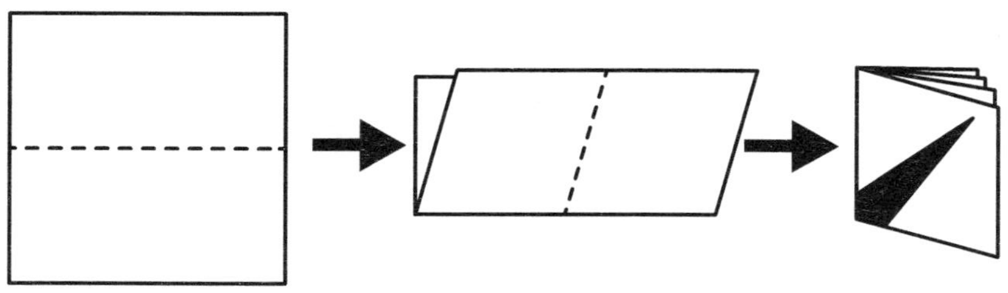

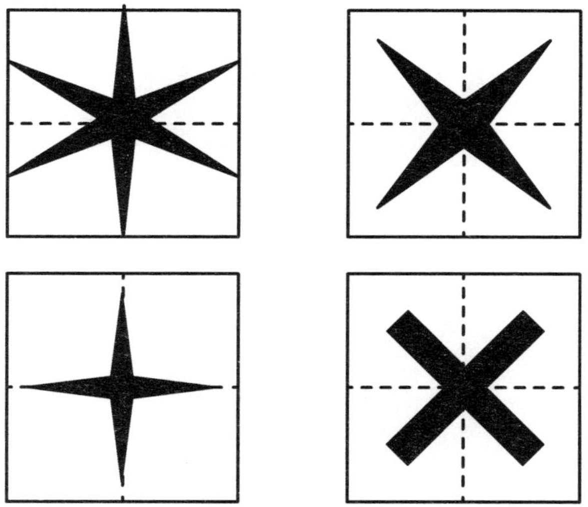

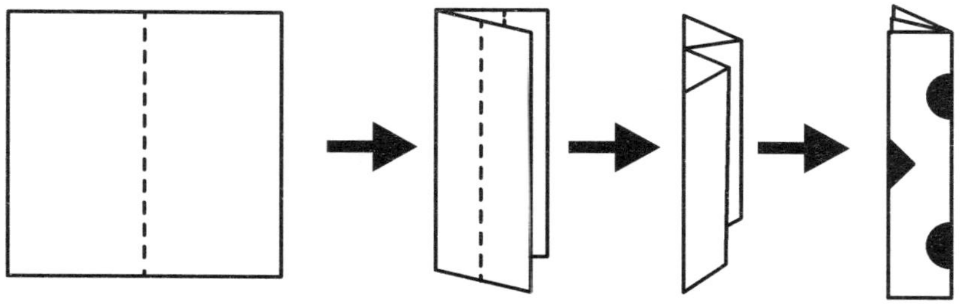

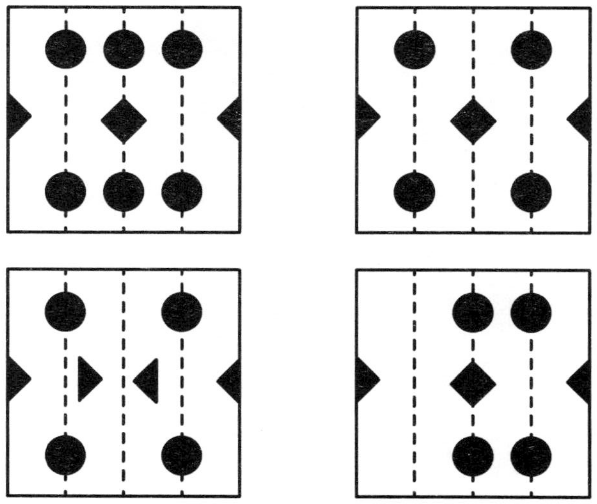

①

②

問題２７

①

②

③

④

日本学習図書株式会社

問題28

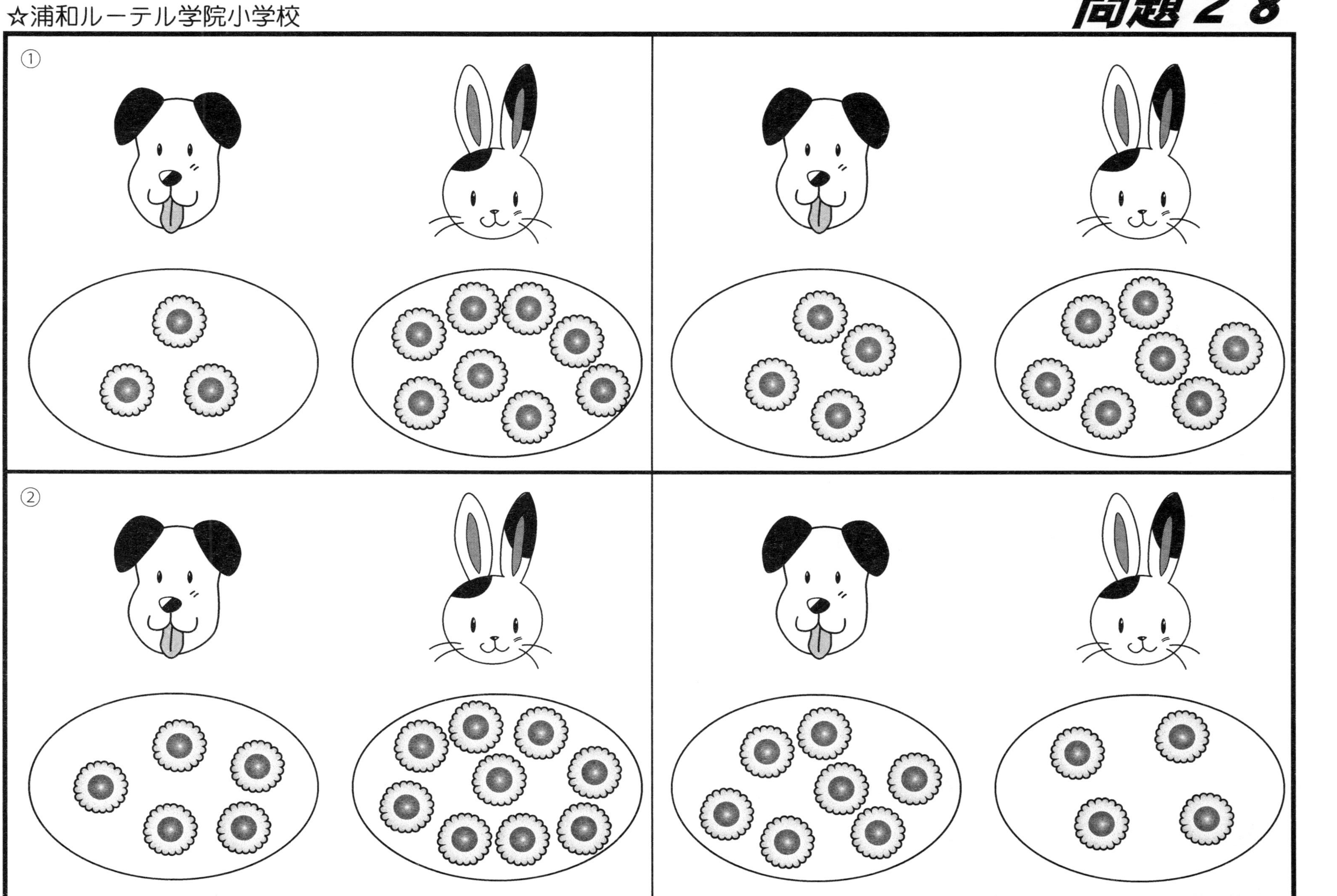

☆浦和ルーテル学院小学校

問題29

①

②

問題３０

①

②

③

④

⑤

⑥

問題３１

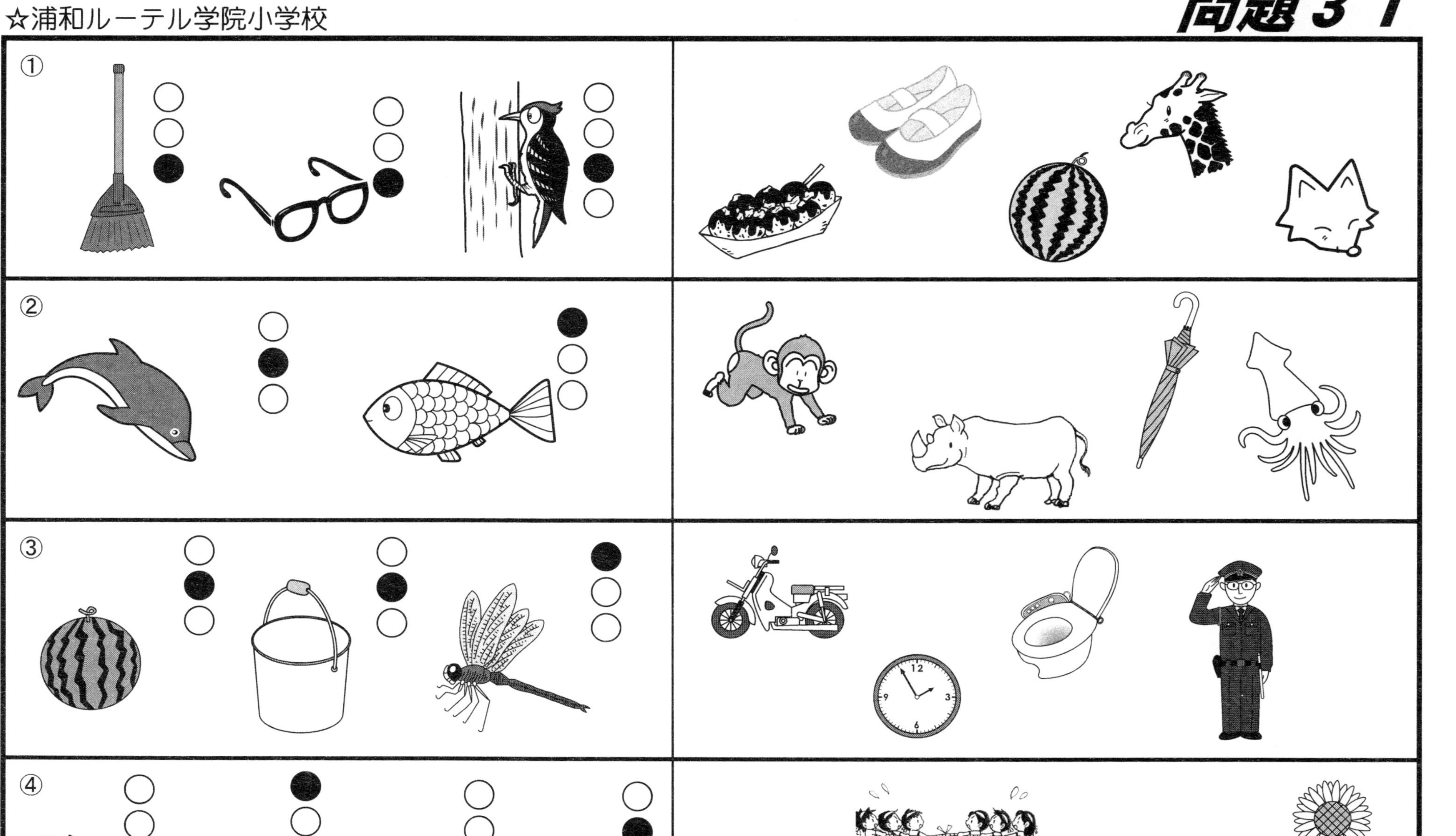

問題３２

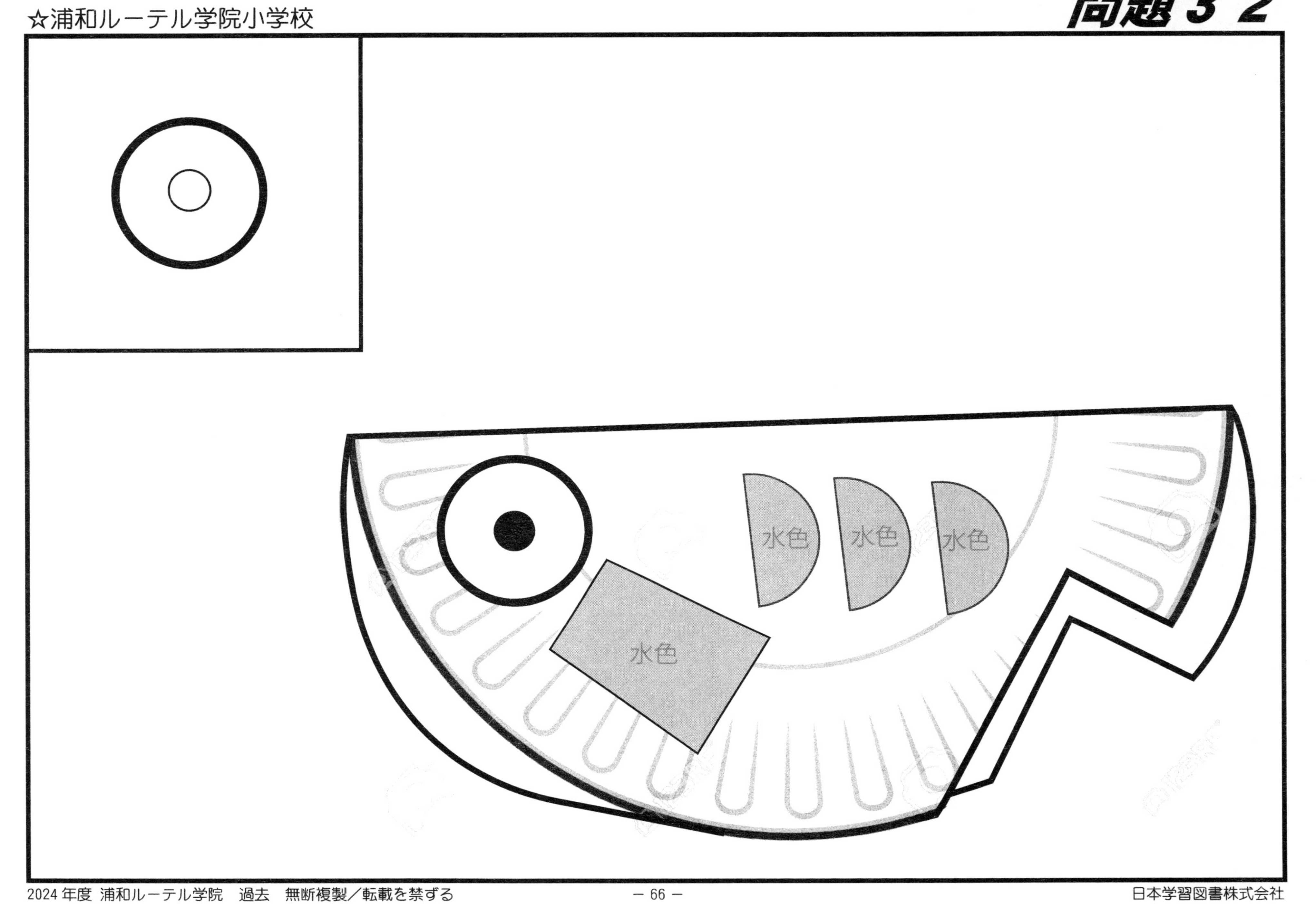

問題３３

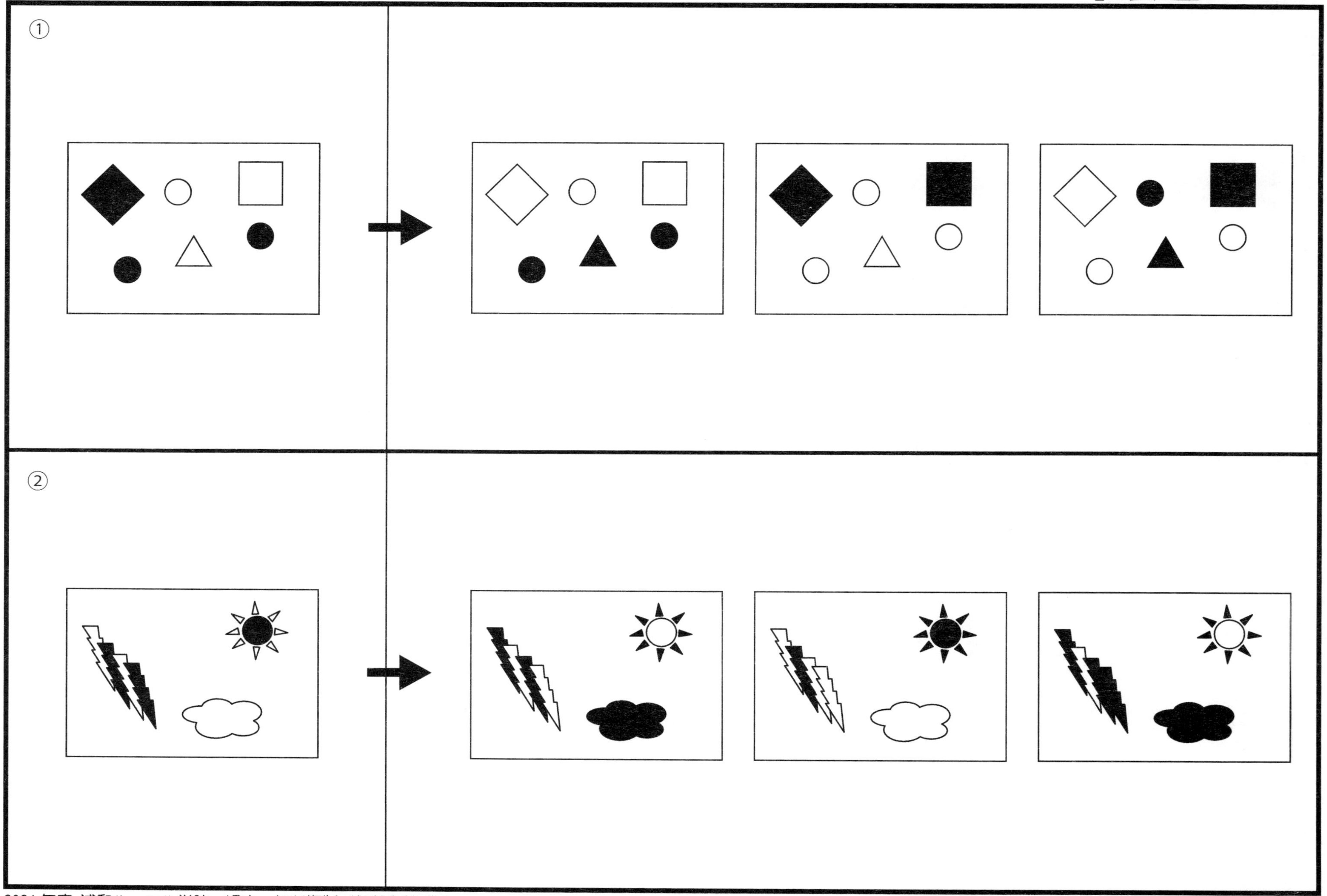

①

②

日本学習図書株式会社

問題３４

①

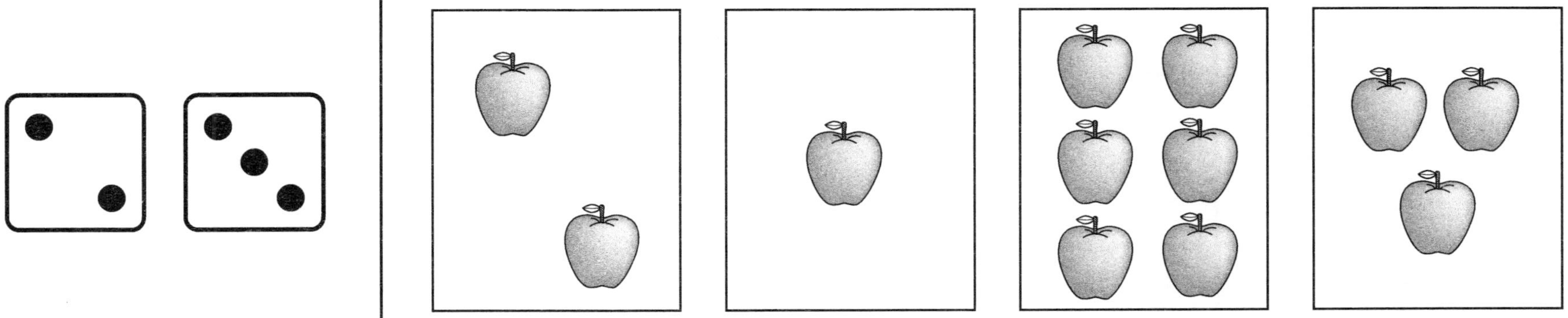

②

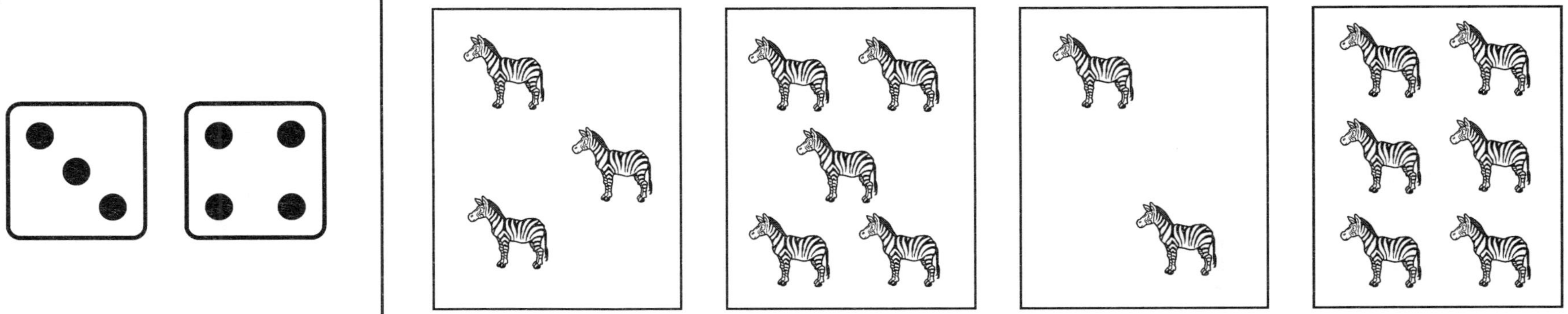

③

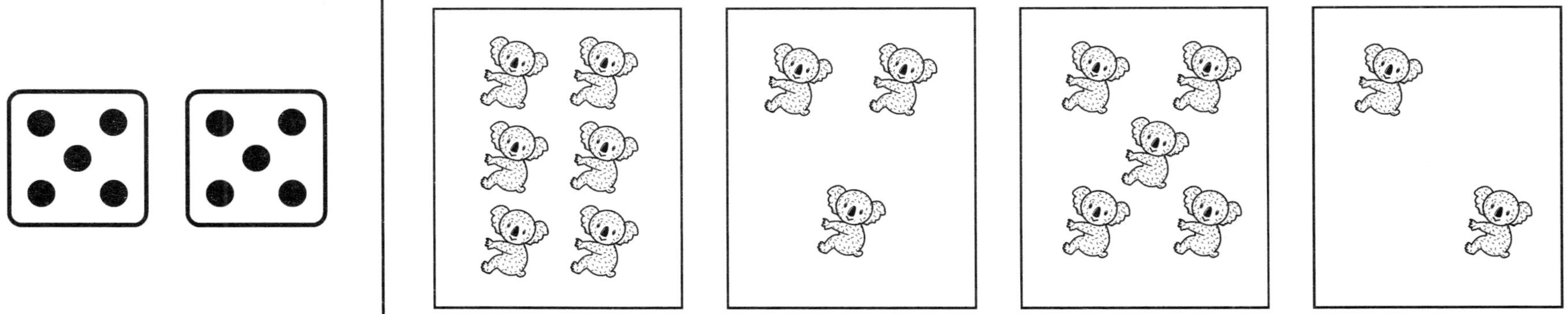

日本学習図書株式会社

☆浦和ルーテル学院小学校

問題３５

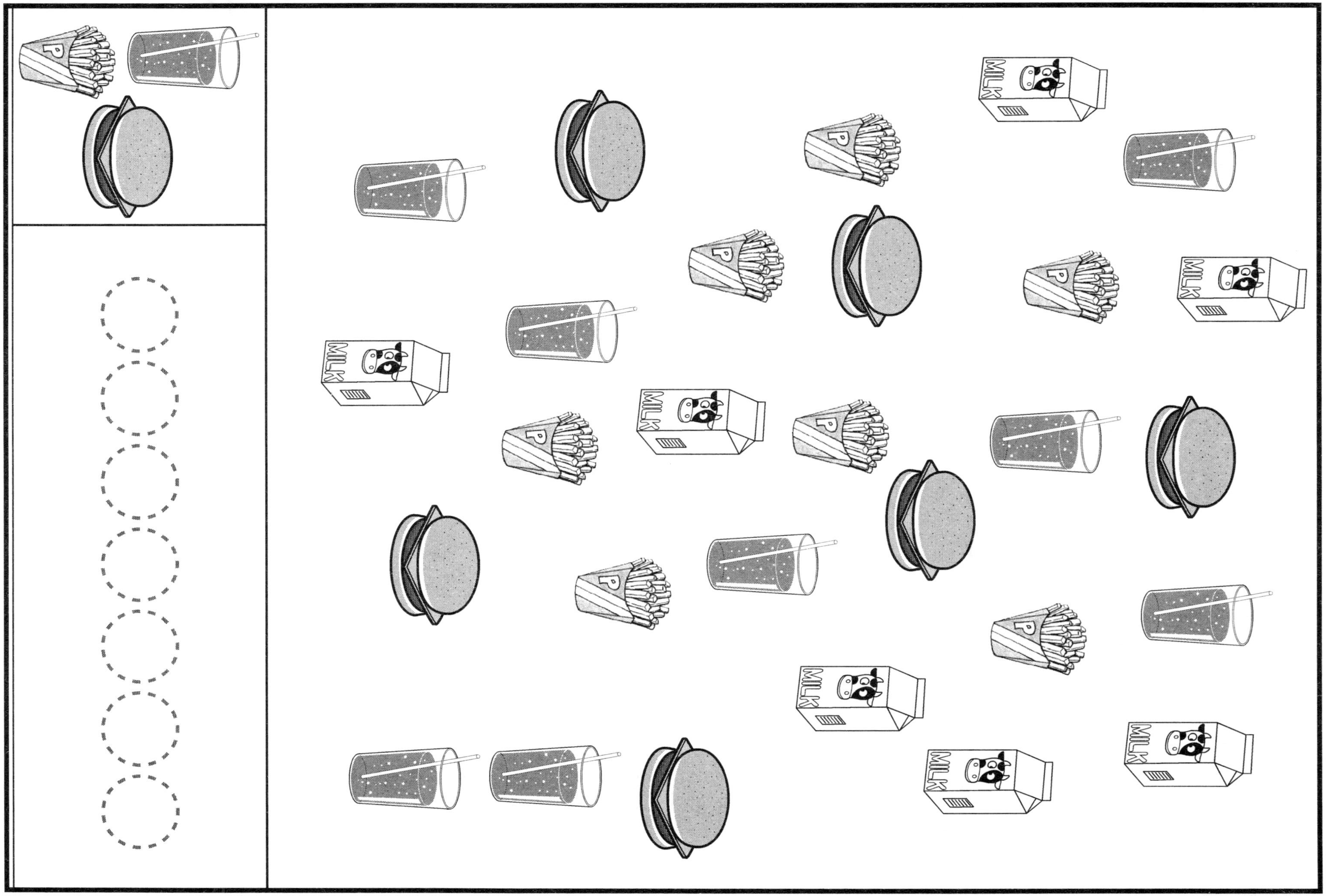

☆浦和ルーテル学院小学校

問題36

①

②

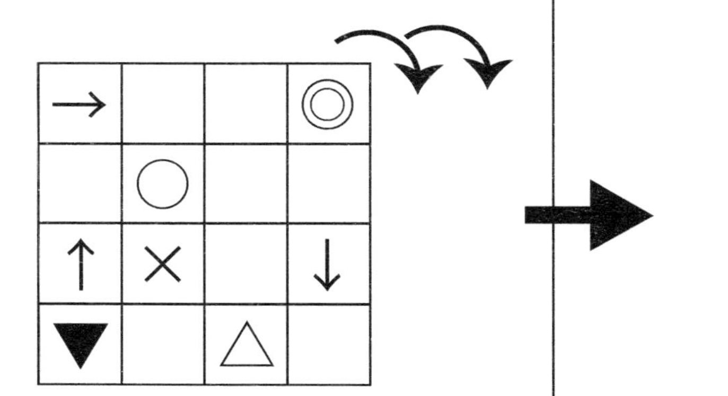

問題３７

☆浦和ルーテル学院小学校

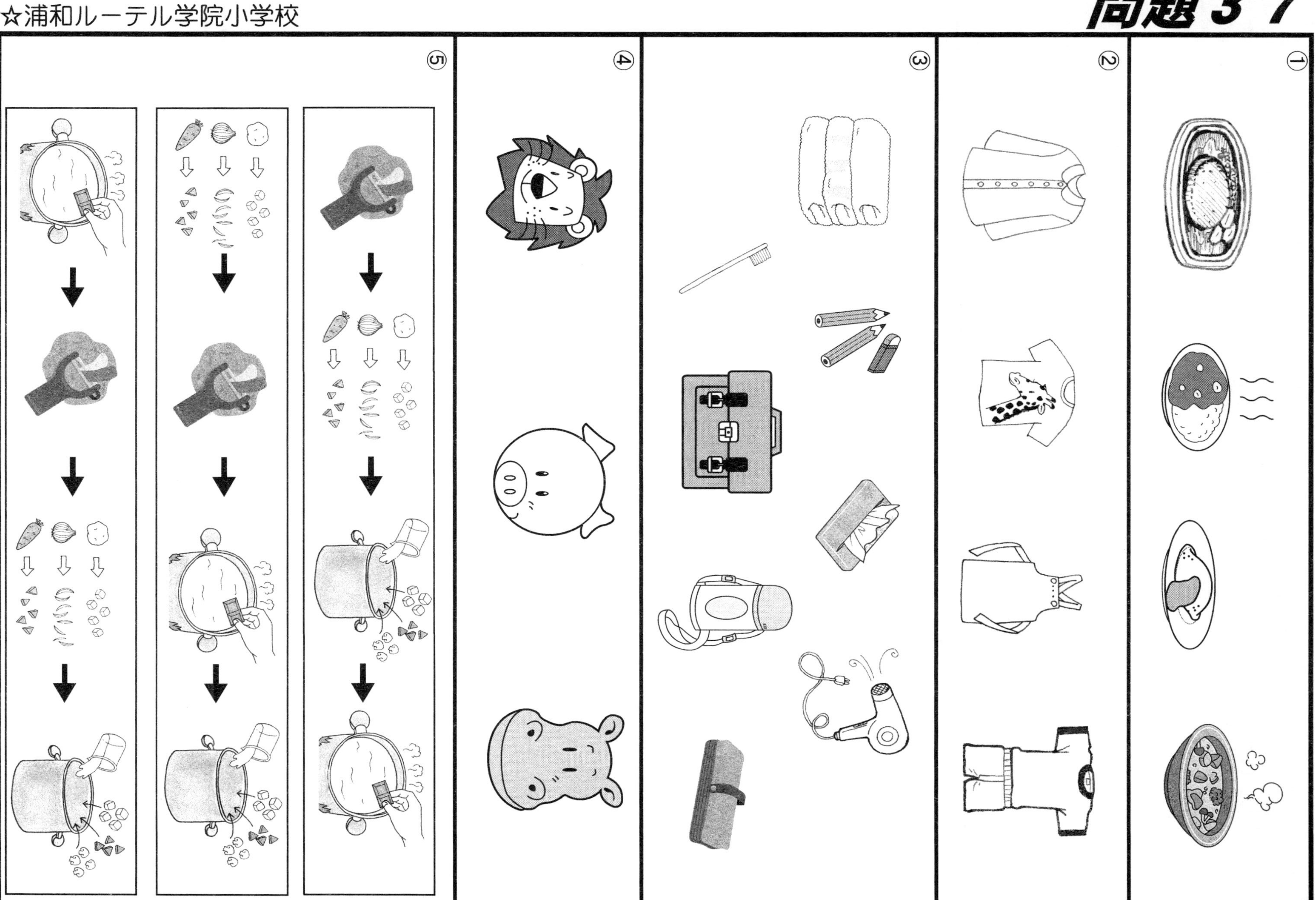

問題３８

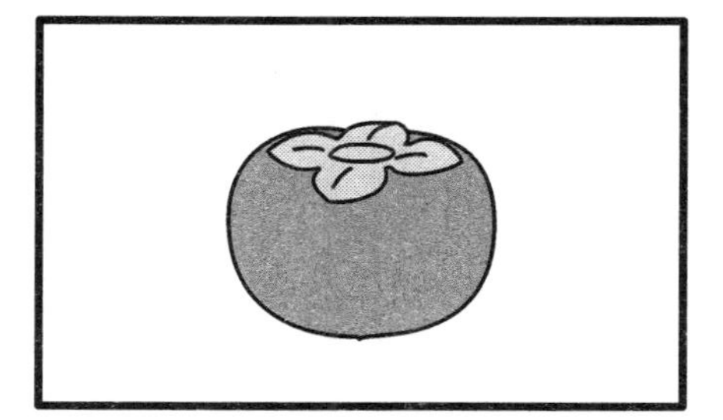

りゅっくさっく

かさ

くしら

きょうかい

くじら

かき

問題３９

①

②

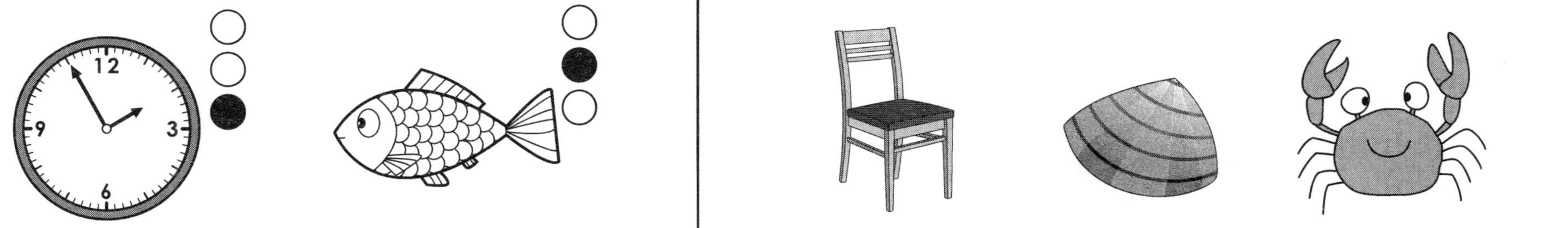

③

④

図書カード 1000 円分プレゼント

ご記入日 令和　年　月　日

☆国・私立小学校受験アンケート☆

※可能な範囲でご記入下さい。選択肢は○で囲んで下さい。

〈小学校名〉＿＿＿＿＿＿＿＿　〈お子さまの性別〉男・女　〈誕生月〉＿＿月

〈その他の受験校〉（複数回答可）＿＿＿＿＿＿＿＿

〈受験日〉①：＿＿月＿＿日〈時間〉＿＿時＿＿分　～　＿＿時＿＿分

②：＿＿月＿＿日〈時間〉＿＿時＿＿分　～　＿＿時＿＿分

〈受験者数〉男女計＿＿名（男子＿＿名　女子＿＿名）

〈お子さまの服装〉＿＿＿＿＿＿＿＿

〈入試全体の流れ〉（記入例）準備体操→行動観察→ペーパーテスト

＿＿＿＿＿＿＿＿

Eメールによる情報提供

日本学習図書では、Eメールでも入試情報を募集しております。

下記のアドレスに、アンケートの内容をご入力の上、メールをお送り下さい。

ojuken@nichigaku.jp

●行動観察　（例）好きなおもちゃで遊ぶ・グループで協力するゲームなど

〈実施日〉＿＿月＿＿日〈時間〉＿＿時＿＿分　～　＿＿時＿＿分〈着替え〉□有　□無

〈出題方法〉□肉声　□録音　□その他（　　　　）〈お手本〉□有　□無

〈試験形態〉□個別　□集団（　　　人程度）

〈会場図〉

〈内容〉

□自由遊び

＿＿＿＿＿＿＿＿

□グループ活動

＿＿＿＿＿＿＿＿

□その他

＿＿＿＿＿＿＿＿

●運動テスト（有・無）　（例）跳び箱・チームでの競争など

〈実施日〉＿＿月＿＿日〈時間〉＿＿時＿＿分　～　＿＿時＿＿分〈着替え〉□有　□無

〈出題方法〉□肉声　□録音　□その他（　　　　）〈お手本〉□有　□無

〈試験形態〉□個別　□集団（　　　人程度）

〈会場図〉

〈内容〉

□サーキット運動

□走り　□跳び箱　□平均台　□ゴム跳び

□マット運動　□ボール運動　□なわ跳び

□クマ歩き

□グループ活動＿＿＿＿＿＿＿＿

□その他＿＿＿＿＿＿＿＿

●知能テスト・口頭試問

〈実施日〉 ＿＿月＿＿日 〈時間〉 ＿＿時＿＿分 ～ ＿＿時＿＿分 〈お手本〉□有 □無

〈出題方法〉 □肉声 □録音 □その他（　　　　　） 〈問題数〉 ＿＿枚 ＿＿問

分野	方法	内　容	詳　細・イ　ラ　ス　ト
（例） お話の記憶	☑筆記 □口頭	動物たちが待ち合わせをする話	（あらすじ） 動物たちが待ち合わせをした。最初にウサギさんが来た。次にイヌくんが、その次にネコさんが来た。最後にタヌキくんが来た。 （問題・イラスト） ３番目に来た動物は誰か
お話の記憶	□筆記 □口頭		（あらすじ） （問題・イラスト）
図形	□筆記 □口頭		
言語	□筆記 □口頭		
常識	□筆記 □口頭		
数量	□筆記 □口頭		
推理	□筆記 □口頭		
その他	□筆記 □口頭		

●制作　（例）ぬり絵・お絵かき・工作遊びなど

〈実施日〉＿＿月＿＿日〈時間〉＿＿時＿＿分～＿＿時＿＿分

〈出題方法〉□肉声 □録音 □その他（　　　　　　）〈お手本〉□有 □無

〈試験形態〉□個別 □集団（　　　人程度）

材料・道具	制作内容
□ハサミ	□切る □貼る □塗る □ちぎる □結ぶ □描く □その他（　　　　）
□のり（□つぼ □液体 □スティック）	タイトル：＿＿＿＿＿＿＿＿
□セロハンテープ	
□鉛筆 □クレヨン（　色）	
□クーピーペン（　色）	
□サインペン（　色）□	
□画用紙（□ A4 □ B4 □ A3	
□その他：　　　　　）	
□折り紙 □新聞紙 □粘土	
□その他（　　　　　）	

●面接

〈実施日〉＿＿月＿＿日〈時間〉＿＿時＿＿分～＿＿時＿＿分〈面接担当者〉＿＿名

〈試験形態〉□志願者のみ（　　）名 □保護者のみ □親子同時 □親子別々

〈質問内容〉

□志望動機　□お子さまの様子

□家庭の教育方針

□志望校についての知識・理解

□その他（　　　　　　　　　　）

（詳　細）

・

・

・

・

※試験会場の様子をご記入下さい。

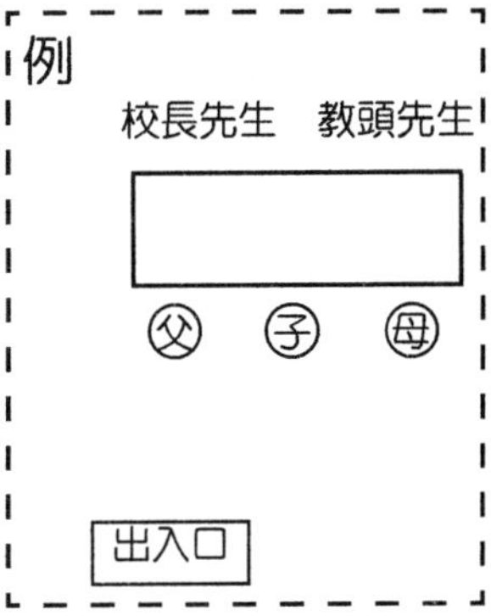
例
校長先生　教頭先生
父
子
母
出入口

●保護者作文・アンケートの提出（有・無）

〈提出日〉□面接直前 □出願時 □志願者考査中 □その他（　　　　　　　　）

〈下書き〉□有 □無

〈アンケート内容〉

（記入例）当校を志望した理由はなんですか（150 字）

日本学習図書株式会社

●説明会（□有　□無）〈開催日〉　　月　　日〈時間〉　　時　　分　～　　時　　分

〈上履き〉　□要　□不要　〈願書配布〉　□有　□無　〈校舎見学〉　□有　□無

〈ご感想〉

●参加された学校行事（複数回答可）

公開授業〈開催日〉　　月　　日〈時間〉　　時　　分　～　　時　　分

運動会など〈開催日〉　　月　　日〈時間〉　　時　　分　～　　時　　分

学習発表会・音楽会など〈開催日〉　　月　　日〈時間〉　　時　　分　～　　時　　分

〈ご感想〉

※是非参加したほうがよいと感じた行事について

●受験を終えてのご感想、今後受験される方へのアドバイス

※対策学習（重点的に学習しておいた方がよい分野）、当日準備しておいたほうがよい物など

＊＊＊＊＊＊＊＊＊＊＊＊＊　ご記入ありがとうございました　＊＊＊＊＊＊＊＊＊＊＊＊＊

必要事項をご記入の上、ポストにご投函ください。

なお、本アンケートの送付期限は入試終了後３ヶ月とさせていただきます。また、入試に関する情報の記入量が当社の基準に満たない場合、謝礼の送付ができないことがございます。あらかじめご了承ください。

ご住所：〒

お名前：　　　　メール：

TEL：　　　　FAX：

アンケートのご記入ありがとうございました

ご記入頂いた個人に関する情報は、当社にて厳重に管理致します。弊社の個人情報取り扱いに関する詳細は、www.nichigaku.jp/policy.php の「個人情報の取り扱い」をご覧下さい。

分野別 小学入試練習帳 ジュニアウォッチャー

1．点・線図形	小学校入試で出題頻度の高い『点・線図形』の模写を、難易度の低いものから段階別に幅広く練習することができるように構成。
2．座標	図形の位置模写という作業を、難易度の低いものから段階別に練習できるように構成。
3．パズル	様々なパズルの問題を難易度の低いものから段階別に練習できるように構成。
4．同図形探し	小学校入試で出題頻度の高い、同図形選びの問題を繰り返し練習できるように構成。
5．回転・展開	図形などを回転、または展開したとき、形がどのように変化するかを学習し、理解を深められるように構成。
6．系列	数、図形などの様々な系列問題を、難易度の低いものから段階別に練習できるように構成。
7．迷路	迷路の問題を繰り返し練習できるように構成。
8．対称	対称に関する問題を４つのテーマに分類し、各テーマごとに問題を段階別に練習できるように構成。
9．合成	図形の合成に関する問題を、難易度の低いものから段階別に練習できるように構成。
10. 四方からの観察	もの（立体）を様々な角度から見て、どのように見えるかを推理する問題を段階別に整理し、１つの形式で複数の問題を練習できるように構成。
11. いろいろな仲間	ものや動物、植物の共通点を見つけ、分類していく問題を中心に構成。
12. 日常生活	日常生活における様々な問題を６つのテーマに分類し、各テーマごとに一つの問題形式で複数の問題を練習できるように構成。
13. 時間の流れ	『時間』に着目し、様々なものごとは、時間が経過するとどのように変化するのかということを学習し、理解できるように構成。
14. 数える	様々なものを『数える』ことから、数の多少の判定やかけ算、わり算の基礎までを練習できるように構成。
15. 比較	比較に関する問題を５つのテーマ（数、高さ、長さ、量、重さ）に分類し、各テーマごとに問題を段階別に練習できるように構成。
16. 積み木	数える対象を積み木に限定した問題集。
17. 言葉の音遊び	言葉の音に関する問題を５つのテーマに分類し、各テーマごとに問題を段階別に練習できるように構成。
18. いろいろな言葉	表現力をより豊かにするいろいろな言葉として、擬態語や擬声語、同音異義語、反意語、数詞を取り上げた問題集。
19. お話の記憶	お話を聴いてその内容を記憶、理解し、設問に答える形式の問題集。
20. 見る記憶・聴く記憶	「見て憶える」「聴いて憶える」という『記憶』分野に特化した問題集。
21. お話作り	いくつかの絵を元にしてお話を作る練習をして、想像力を養うことができるように構成。
22. 想像画	描かれてある形や景色に好きな絵を描くことにより、想像力を養うことができるように構成。
23. 切る・貼る・塗る	小学校入試で出題頻度の高い、はさみやのりなどを用いた巧緻性の問題を繰り返し練習できるように構成。
24・絵画	小学校入試で出題頻度の高い、お絵かきやぬり絵などクレヨンやクーピーペンを用いた巧緻性の問題を繰り返し練習できるように構成。
25. 生活巧緻性	小学校入試で出題頻度の高い日常生活の様々な場面における巧緻性の問題集。
26. 文字・数字	ひらがなの清音、濁音、拗音、拗長音、促音と１～20までの数字に焦点を絞り、練習できるように構成。
27. 理科	小学校入試で出題頻度が高くなりつつある理科の問題を集めた問題集。
28. 運動	出題頻度の高い運動問題を種目別に分けて構成。
29. 行動観察	項目ごとに問題提起をし、「このような時はどうか、あるいはどう対処するのか」の観点から問いかける形式の問題集。
30. 生活習慣	学校から家庭に提起された問題と思って、一問一問絵を見ながら話し合い、考える形式の問題集。

31. 推理思考	数、量、言語、常識（含理科、一般）など、諸々のジャンルから問題を構成し、近年の小学校入試問題傾向に沿って構成。
32. ブラックボックス	箱や筒の中を通ると、どのようなお約束でどのように変化するかを推理・思考する問題集。
33. シーソー	重さの違うものをシーソーに乗せた時どちらに傾くのか、またどうすればシーソーは釣り合うのかを思考する基礎的な問題集。
34. 季節	様々な行事や植物などを季節別に分類できるように知識をつける問題集。
35. 重ね図形	小学校入試で頻繁に出題されている「図形を重ね合わせてできる形」についての問題を集めました。
36. 同数発見	様々な物を数え「同じ数」を発見し、数の多少の判断や数の認識の基礎を学べるように構成した問題集。
37. 選んで数える	数の学習の基本となる、いろいろなものの数を正しく数える学習を行う問題集。
38. たし算・ひき算１	数字を使わず、たし算とひき算の基礎を身につけるための問題集。
39. たし算・ひき算２	数字を使わず、たし算とひき算の基礎を身につけるための問題集。
40. 数を分ける	数を等しく分ける問題です。等しく分けたときに余りが出るものもあります。
41. 数の構成	ある数がどのような数で構成されているか学んでいきます。
42. 一対多の対応	一対一の対応から、一対多の対応まで、かけ算の考え方の基礎学習を行います。
43. 数のやりとり	あげたり、もらったり、数の変化をしっかりと学びます。
44. 見えない数	指定された条件から数を導き出します。
45. 図形分割	図形の分割に関する問題集。パズルや合成の分野にも通じる様々な問題を集めました。
46. 回転図形	「回転図形」に関する問題集。やさしい問題から始め、いくつかの代表的なパターンから、段階を踏んで学習できるよう編集されています。
47. 座標の移動	「マス目の指示通りに移動する問題」と「指示された数だけ移動する問題」を収録。
48. 鏡図形	鏡で左右反転させた時の見え方を考えます。平面図形から立体図形、文字、絵まで。
49. しりとり	すべての学習の基礎となる「言葉」を学ぶこと、特に「語彙」を増やすことに重点をおき、さまざまなタイプの「しりとり」問題を集めました。
50. 観覧車	観覧車やメリーゴーラウンドなどを舞台にした「回転系列」の問題集。「推理思考」分野の問題ですが、要素として「図形」や「数量」も含みます。
51. 運筆①	鉛筆の持ち方を学び、点線なぞり、お手本を見ながらの模写で、線を引く練習をします。
52. 運筆②	運筆①からさらに発展し、「欠所補完」や「迷路」などを楽しみながら、より複雑な鉛筆運びを習得することを目指します。
53. 四方からの観察 積み木編	積み木を使用した「四方からの観察」に関する問題を練習できるように構成。
54. 図形の構成	見本の図形がどのような部分によって形づくられているかを考えます。
55. 理科②	理科的知識に関する問題を集中して練習する「常識」分野の問題集。
56. マナーとルール	道路や駅、公共の場でのマナー、安全や衛生に関する常識を学べるように構成。
57. 置き換え	さまざまな具体的・抽象的事象を記号で表す「置き換え」の問題を扱います。
58. 比較②	長さ・高さ・体積・数などを数学的な知識を使わず、論理的に推測する「比較」の問題を練習できるように構成。
59. 欠所補完	線と線のつながり、欠けた絵に当てはまるものなどを求める「欠所補完」に取り組める問題集です。
60. 言葉の音（おん）	しりとり、決まった順番の音をつなげるなど、「言葉の音」に関する問題に取り組める練習問題集です。

◆◆ニチガクのおすすめ問題集◆◆

より充実した家庭学習を目指し、ニチガクではさまざまな問題集をとりそろえております!!

サクセスウォッチャーズ（全18巻）

①～⑱
本体各￥2,200＋税

全9分野を「基礎必修編」「実力アップ編」の2巻でカバーした、合計18冊。
各巻80問と豊富な問題数に加え、他の問題集では掲載していない詳しいアドバイスが、お子さまを指導する際に役立ちます。
各ページが、すぐに使えるミシン目付き。本番を意識したドリルワークが可能です。

ジュニアウォッチャー（既刊60巻）

①～⑳（以下続刊）
本体各￥1,500＋税

入試出題頻度の高い9分野を、さらに60の項目にまで細分化。基礎学習に最適のシリーズ。
苦手分野におけるつまずきを、効率よく克服するための60冊です。
ポイントが絞られているため、無駄なく高い効果を得られます。

国立・私立NEWウォッチャーズ

言語／理科／図形／記憶
常識／数量／推理
本体各￥2,000＋税

シリーズ累計発行部数40万部以上を誇る大ベストセラー「ウォッチャーズシリーズ」の趣旨を引き継ぐ新シリーズ!!
実際に出題された過去問の「類題」を32問掲載。全問に「解答のポイント」付きだから家庭学習に最適です。「ミシン目」付き切り離し可能なプリント学習タイプ！

実践 ゆびさきトレーニング①・②・③

本体各￥2,500＋税

制作問題に特化した一冊。有名校が実際に出題した類似問題を35問掲載。
様々な道具の扱い（はさみ・のり・セロハンテープの使い方）から、手先・指先の訓練（ちぎる・貼る・塗る・切る・結ぶ）、また、表現することの楽しさも経験できる問題集です。

お話の記憶・読み聞かせ

［お話の記憶問題集］
中級／上級編
本体各￥2,000＋税

初級／過去類似編／ベスト30
本体各￥2,600＋税

1話5分の読み聞かせお話集①・②、入試実践編①
本体各￥1,800＋税

あらゆる学習に不可欠な、語彙力・集中力・記憶力・理解力・想像力を養うと言われているのが「お話の記憶」分野の問題。問題集は全問アドバイス付き。

分野別 苦手克服シリーズ（全6巻）

図形／数量／言語／
常識／記憶／推理
本体各￥2,000＋税

数量・図形・言語・常識・記憶の6分野。アンケートに基づいて、多くのお子さまがつまづきやすい苦手問題を、それぞれ40問掲載しました。
全問アドバイス付きですので、ご家庭において、そのつまづきを解消するためのプロセスも理解できます。

運動テスト・ノンペーパーテスト問題集

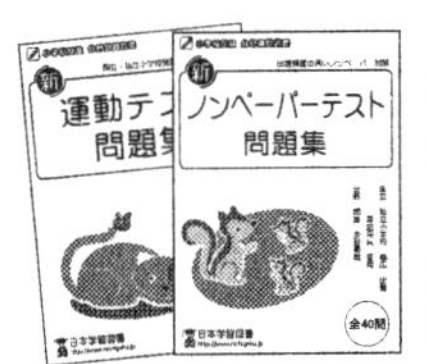

新 運動テスト問題集
本体￥2,200＋税

新 ノンペーパーテスト問題集
本体￥2,600＋税

ノンペーパーテストは国立・私立小学校で幅広く出題される、筆記用具を使用しない分野の問題を全40問掲載。
運動テスト問題集は運動分野に特化した問題集です。指示の理解や、ルールを守る訓練など、ポイントを押さえた学習に最適。全35問掲載。

口頭試問・面接テスト問題集

新 口頭試問・個別テスト問題集
本体￥2,500＋税

面接テスト問題集
本体￥2,000＋税

口頭試問は、主に個別テストとして口頭で出題解答を行うテスト形式。面接は、主に「考え」やふだんの「あり方」をたずねられるものです。
口頭で答える点は同じですが、内容は大きく異なります。想定する質問内容や答え方の幅を広げるために、どちらも手にとっていただきたい問題集です。

小学校受験 厳選難問集 ①・②

本体各￥2,600＋税

実際に出題された入試問題の中から、難易度の高い問題をピックアップし、アレンジした問題集。応用問題への挑戦は、基礎の理解度を測るだけでなく、お子さまの達成感・知的好奇心を触発します。
①は数量・図形・推理・言語、②は位置・常識・比較・記憶分野の難問を掲載。それぞれ40問。

国立小学校　対策問題集

国立小学校入試問題A・B・C
（全3巻）本体各￥3,282＋税

新 国立小学校直前集中講座
本体￥3,000＋税

国立小学校頻出の問題を厳選。細かな指導方法やアドバイスが掲載してあり、効率的な学習が進められます。「総集編」は難易度別にA～Cの3冊。付録のレーダーチャートにより得意・不得意を認識でき、国立小学校受験対策に最適です。入試直前の対策には「新 直前集中講座」！

おうちでチャレンジ ①・②

本体各￥1,800＋税

関西最大級の模擬試験である小学校受験標準テストのペーパー問題を編集した実力養成に最適な問題集。延べ受験者数10,000人以上のデータを分析しお子さまの習熟度・到達度を一目で判別。
保護者必読の特別アドバイス収録！

Q＆Aシリーズ

『小学校受験で知っておくべき125のこと』
『小学校受験に関する 保護者の悩みQ＆A』
『新 小学校受験の入試面接Q＆A』
『新 小学校受験 願書・アンケート文例集500』
本体各￥2,600＋税
『小学校受験のための
願書の書き方から面接まで』
本体￥2,500＋税

「知りたい！」「聞きたい！」「こんな時どうすれば…？」そんな疑問や悩みにお答えする、オススメの人気シリーズです。

書籍についてのご注文・お問い合わせ
☎ 03-5261-8951

http://www.nichigaku.jp
※ご注文方法、書籍についての詳細は、Webサイトをご覧ください。

日本学習図書　検索

浦和ルーテル学院小学校　専用注文書

年　　月　　日

合格のための問題集ベスト・セレクション

＊入試頻出分野ベスト３

1st 推理：集中力　聞く力　観察力　思考力

2nd 数量：観察力　思考力

3rd 言語：聞く力　言語力

問題自体は標準レベルですが出題方法が独特です。過去問とその類似問題で慣れておきましょう。
面接・アンケートなどは青山学院大学系属となったことで変化があります。要チェックです。

分野	書名	価格(税込)	注文	分野	書名	価格(税込)	注文
図形	Ｊｒ・ウォッチャー５「回転・展開」	1,650円	冊	数量	Ｊｒ・ウォッチャー42「一対多の対応」	1,650円	冊
推理	Ｊｒ・ウォッチャー６「系列」	1,650円	冊	図形	Ｊｒ・ウォッチャー46「回転図形」	1,650円	冊
常識	Ｊｒ・ウォッチャー11「いろいろな仲間」	1,650円	冊	図形	Ｊｒ・ウォッチャー53「四方からの観察　積み木編」	1,650円	冊
数量	Ｊｒ・ウォッチャー14「数える」	1,650円	冊	常識	Ｊｒ・ウォッチャー56「マナーとルール」	1,650円	冊
数量	Ｊｒ・ウォッチャー15「比較」	1,650円	冊	数量	Ｊｒ・ウォッチャー58「比較②」	1,650円	冊
記憶想像	Ｊｒ・ウォッチャー17「言葉の音あそび」	1,650円	冊	言語	Ｊｒ・ウォッチャー60「言葉の音」	1,650円	冊
言語	Ｊｒ・ウォッチャー18「いろいろな言葉」	1,650円	冊		実践 ゆびさきトレーニング①②③	2,750円	各　冊
記憶想像	Ｊｒ・ウォッチャー19「お話の記憶」	1,650円	冊		小学校受験の面接Ｑ＆Ａ	2,860円	各　冊
巧緻性	Ｊｒ・ウォッチャー23「切る・貼る・塗る」	1,650円	冊		家庭で行う面接テスト問題集	2,200円	冊
知識	Ｊｒ・ウォッチャー26「文字・数字」	1,650円	冊		面接最強マニュアル	2,200円	冊
観察	Ｊｒ・ウォッチャー28「運動」	1,650円	冊		新 小学校受験 文例集 500	2,860円	冊
数量	Ｊｒ・ウォッチャー38「たし算・ひき算１」	1,650円	冊		新 運動テスト問題集	2,320円	冊
数量	Ｊｒ・ウォッチャー39「たし算・ひき算２」	1,650円	冊		１話５分の読み聞かせお話集①②	1,980円	各　冊
数量	Ｊｒ・ウォッチャー41「数の構成」	1,650円	冊			1,980円	各　冊

合計	冊	円

（フリガナ） 氏　名	電　話 ＦＡＸ E-mail
住　所　〒　　　－	以前にご注文されたことはございますか。 有　・　無

★お近くの書店、または記載の電話・FAX・ホームページにてご注文をお受けしております。
　電話：03-5261-8951　FAX：03-5261-8953　代金は書籍合計金額＋送料がかかります。
　※なお、落丁・乱丁以外の理由による商品の返品・交換には応じかねます。
★ご記入頂いた個人に関する情報は、当社にて厳重に管理致します。なお、ご購入の商品発送の他に、当社発行の書籍案内、書籍に関する調査に使用させて頂く場合がございますので、予めご了承ください。

日本学習図書株式会社
http://www.nichigaku.jp

家庭学習をトータルサポート！ ニチガクのオリジナル 効果的 学習法

1 まずは アドバイスページを読む！

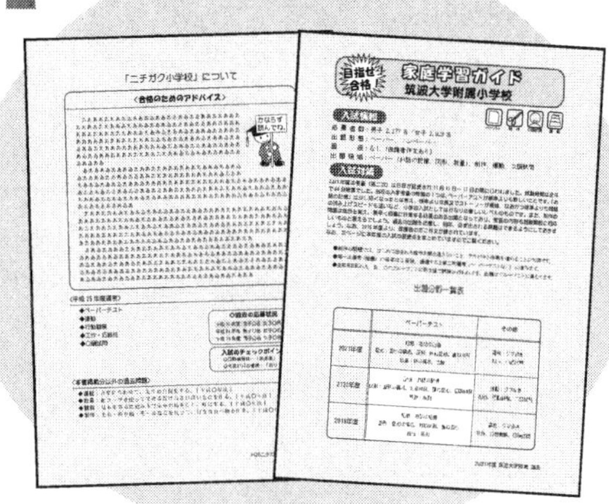

ピンク色です

対策や試験ポイントがぎっしりつまった「家庭学習ガイド」。分野アイコンで、試験の傾向をおさえよう！

過去問のこだわり

最新問題は問題ページ、イラストページ、解答・解説ページが独立しており、お子さまにすぐに取り掛かっていただける作りになっています。
ニチガクの学校別問題集ならではの、学習法を含めたアドバイスを利用して効率のよい家庭学習を進めてください。

2 問題をすべて読み、出題傾向を把握する

3 「学習のポイント」で学校側の観点や問題の解説を熟読

4 はじめて過去問題にチャレンジ！

5 プラスα 対策問題集や類題で力を付ける

各問題のジャンル

問題8 分野：図形（構成・重ね図形）

〈準 備〉 鉛筆、消しゴム

〈問 題〉 ①この形は、左の三角形を何枚使ってできていますか。その数だけ右の四角に○を書いてください。
②左の絵の一番下になっている形に○をつけてください。
③左には、透明な板に書かれた３枚の絵があります。この絵をそのまま３枚重ねると、どうなりますか。右から選んで○をつけてください。
④左には、透明な板に書かれた３枚の絵があります。この絵をそのまま３枚重ねると、どうなりますか。右から選んで○をつけてください。

〈時 間〉 各20秒

〈解 答〉 ①○４つ ②中央 ③右端 ④右端

学習のポイント

空間認識力を総合的に観ることができる問題構成といえるでしょう。これらの３問を見て、どの問題もすんなりと解くことができたでしょうか。当校の入試は、基本問題は確実に解き、難問をどれだけ正解するかで合格が近づいてきます。その観点からいうなら、この問題は全問正解したい問題に入ります。この問題も、お子さま自身に答え合わせをさせることをおすすめいたします。自分で実際に確認することでどのようになっているのか把握することが可能で、理解度が上がります。実際に操作したとき、どうなっているのか。何処がポイントになるのかなど、質問をすると、答えることが確認作業になるため、知識の習得につながります。形や条件を変え、色々な問題にチャレンジしてみましょう。

【おすすめ問題集】
Jr.ウォッチャー45「図形分割」

学習のポイント

各問題の解説や学校の観点、指導のポイントなどを教えます。
今日から保護者の方が家庭学習の先生に！

おすすめ対策問題集

分野ごとに対策問題集をご紹介。苦手分野の克服に最適です！
＊専用注文書付き。

2024年度版 浦和ルーテル学院小学校
過去問題集

発行日 2023年4月10日
発行所 〒162-0821 東京都新宿区津久戸町 3-11-9F
日本学習図書株式会社
電 話 03-5261-8951 ㈹

ISBN978-4-7761-5499-0

C6037 ¥2000E

定価 2,200 円
(本体 2,000 円 + 税 10%)

詳細は http://www.nichigaku.jp 日本学習図書 検索